KB122567

4
·
3
이

나
에
게

건
넨

말

4·3이 나에게 건넨 말

한상희 지음

다봄.

머리말

《4·3이 나에게 건넨 말》은 4·3의 역사뿐만 아니라 4·3과 관련 있는 많은 분이 저에게 건넨 말이기도 합니다. 4·3의 영혼들, 역경을 극복해 낸 유족들, 진상규명에 힘을 모은 시민들, 광풍 이후에 다시 제주섬에 찾아와 꽃 피운 자연까지…. 이 모든 이야기가 이 책에 담겨 있습니다.

책이 나오기까지 특별히 도움을 주신 분들이 계십니다.

우선, 소설 〈순이 삼촌〉의 저자 현기영 선생님께 고마운 마음을 전합니다. 저는 선생님과 함께 '4·3 토크콘서트'를 진행할 때마다 많은 감화를 받습니다. 삶에 대해 늘 배우고 깨우칩니다. 선생님께서는 〈순이 삼촌〉을 통해 은폐와 망각 속에 묻혀 있던 4·3의 역사를 처음으로 세상에 알렸습니다. 우리에게 기억의 열쇠를 건네주셔서 감사합니다.

임철우 선생님의 소설 《돌담에 속삭이는》 덕분에 꽃송이로 남은 그때의 아이들과 비로소 마주할 수 있게 되었고 눈과 귀의 감각을 깨울 수 있었습니다. 제주의 바람, 햇빛, 이슬, 그리고 작은 돌멩이마저도 그냥 지나치지 못하게 되었습니다. 따뜻한 감성을 일깨워 주신 선생님께 감사드립니다.

오멸 감독님의 영화 〈지슬〉은 4·3의 광풍 속에서도 공동체를 지키려 애썼던 제주도민의 이야기입니다. 이웃의 온기를 느낄 수 있었고, 타인의 존재를 소중히 여길 수 있게 되었습니다. 고맙습니다.

《4·3이 나에게 건넨 말》은 분단과 냉전의 상처가 오롯이 담겨 있는 4·3과 한국현대사에 관한 글입니다. 김종민 선생님은 4·3의 진실을 이 땅에 알리기 위해 평생 노력해 오셨습니다. 선생님이 규명한 진실에 힘입어 이 책이 탄생할 수 있었습니다. 존경과 감사를 전합니다.

4·3의 모든 과정을 그림으로 알려 주신 강요배 선생님의 그림집 《동백꽃 지다》를 통해 4·3을 큰 맥락에서 바라볼 수 있었고, 한라산 자락에서 살아온 제주도민의 삶을 접할 수 있었습니다. 귀한 작품을 기꺼이 이 책에 싣도록 해 주셔서 고맙습니다.

4·3 진상규명 역사의 현장에는 언제나 김기삼 사진작가님이 계셨습니다. 선생님의 수고로 탄생한 기록사진이 있어 《4·3이 나에게 건넨 말》이 더욱 생생하고 풍부해졌습니다. 깊이 감사드립니다.

故 고현주 작가님의 사진은 4·3 때 서럽게 떨어졌던 작고 여린 꽃송이가 다시 피어나는 듯한 느낌을 줍니다. 작가님의 사진 덕분에 이 책이 독자의 가슴에 더욱 깊이 다가가리라 생각합니다. 사진 게재를 허락해 주신 가족분들께 감사를 표합니다.

글을 쓰는 내내 따뜻한 격려를 보내 주신 다봄 출판사 김명희 대표님께 감사드립니다. 4·3 기행 때 만난 뒤부터 수년 동안 제 활동에 관심을 가지고 출판을 권유해 주신 김재실 편집자님 덕분에 집필 의지를 이어 갈 수 있었습니다. 고맙습니다.

감사로 시작했는데, 감사가 끝나지 않습니다. 4·3이 제게 건넨 말 중 하나입니다. 책 한 권이 나오는 데에도 이렇듯 무수한 감사가 쏟아지는데 우리가 사는 내내 얼마나 많은 감사가 있을까요.

특히 너무나 어린 나이인 8살에 4·3의 아픔을 겪으셨음에도 꿋꿋이 8남매를 키우신 어머니와 하늘에 계신 아버지께 이 책을 바칩니다. 그리고 제가 어디에서 무엇을 하든 늘 응원해 주는 형제자매에게 무한한 사랑의 마음을 전합니다.

2023년 여름

한상희

3만의 생명을 기리는 진혼곡

한상희 박사는 4·3을 통한 평화·인권·통일 교육을 그 누구
보다 활발하게 펼쳐 온 분입니다. 《4·3이 나에게 건넨 말》은 4·
3을 알고, 기억하고, 함께 나누려는 그의 삶이 썼다고 할 수 있
겠습니다. 저자는 4·3의 진실이 무엇이고, 당시 국가폭력의 양
상이 어떠했는지를 파노라마처럼 펼쳐 보입니다. 또한 4·3의
광풍에서도 누가 어떻게 시민성을 실천했는지 역사의 교훈을
되짚으며, 4·3이 남긴 유산이 무엇인지 숙고합니다. 그가 전하
는 역사적 진실은 예리하게 다듬어져 명쾌하지만, 그걸 전하는
방식은 무척 친근하고 다정해서 꼭 늦은 밤 친구들과 구운 감
자를 놓고 옹기종기 모여 있는 느낌이 듭니다.

책은 저자가 우연히 4·3을 알게 된 청소년기에서부터 시작합니다. 당시 저자는 바닷가에서 놀다가 물속에서 뼈들이 만져지고, 그 뼈들을 공동묘지 비석에 옮기는 꿈을 꾸었다고 합니다. 꿈 이야기를 어머니께 말씀드리니, 어머니는 "네가 외할아버지 꿈을 꾸었구나!" 했다지요. 16살의 저자는 그날 처음 어머니에게 4·3을 겪은 어머니와 외삼촌, 그리고 외할아버지의 사연을 듣게 되었습니다. 그때부터 "4·3이 뭐우까?(4·3이 뭐예요?)"라는 질문을 하며 답을 찾아 나섰습니다. 이 책은 35년 동안 저자가 품은 질문에 답을 찾아가는 여정이라 하겠습니다.

첫 번째 질문은 4·3에 대한 역사적 사실에 대한 것이었고, 그에 대한 답은 1장에 정리되어 있습니다. 4·3이 대체 왜 일어났는지, 당시 제주의, 한국의, 한국 밖의 상황은 어떠했는지, 무엇이 누구를 희생시켰는지에 대해서요. 1947년 3·1절 발포사건부터 1954년 9월 21일 한라산 통행금지령이 해제될 때까지 무려 7년 7개월을 겪어 낸 사람들의 이야기는 당시를 다룬 영화 〈지슬〉과 소설 〈순이 삼촌〉, 《돌담에 속삭이는》을 통해 2장에서 생생하게 전해집니다.

두 번째 질문은 그렇다면 그때 살아남은 사람들이 어떻게 삶을 이어 왔으며, 제주는 어떻게 복원되었는가였고, 이에 대한 답은 3장에 있습니다. 그 안에 담긴 내용은 저자 자신의 가족사입니다. 4·3의 대참사에서 살아남은 사람들과 그 유족들이 어떻게 삶을 꾸려 왔는지, 저자의 가족사가 이를 대변합니다. 종족 말살의 그 참사에서 수많은 사람이 죽었으므로, 살아남은 자들은 될 수 있는 한 아이를 많이 낳아 따뜻한 공동체를 이루기로 했고, 그렇게 태어난 아이들은 '형제 책임주의'의 가르침대로 4·3의 폐허를 딛고 거친 세파에 맞서 똘똘 뭉쳐 성장해 나간다는 이야기가 참으로 감동적입니다.

저자는 4·3을 알아 가면서 세상을 바라보는 창을 만들고 삶의 방향을 정했습니다. 당시 무자비하게 자행되는 악에 대응했던 정의로운 용단을 보면서 저자는 그것을 '선의 시민성'이라 표현했습니다. 성찰하고 용기 냈던 그들이 있었기에 수많은 목숨이 살아날 수 있었고, 그렇게 살아난 귀중한 사람들이 공동체를 재건하는 데 큰 힘을 발휘할 수 있었다는 깨달음이 있었지요. 4장은 우리가 4·3에서 주목해야 할 '악의 평범성'과 '선의 시민성'에 대한 통찰입니다.

'4·3은 무엇일까'라는 질문을 품고 시작된 저자의 삶은 어느 순간부터 '4·3이 우리에게 남긴 것은 무엇일까'에 대한 답을 구하는 것으로 성숙해졌습니다. 그것은 자신이 4·3과 함께하겠다는 소명입니다. 왜곡된 역사를 바로잡고 제대로 된 이름을 찾아주기, 무덤 속에 묻힌 역사를 햇살 속으로 끄집어내 세상과 소통하도록 돕기, 대척과 반목이 아니라 소통과 화해로 나아가도록 회복적 정의를 살려 내기, 이것들을 혼자가 아닌 대한민국이 또 세계가 다 같이 할 수 있도록 발로 뛰기…. 그 땀나는 노력들이 5장에서 빛나고 있지요.

인권에서 무엇보다 중요한 것은 생명권입니다. 천부의 권리이죠. 4·3은 국가폭력에 의해 3만의 생명이 파괴된 민족의 참사입니다. 우리는 대한민국의 이름으로 그 억울한 원혼들을 진혼해야 합니다. 진혼이란 그 원혼들을 기억하는 일입니다. 진혼되지 않은 깊은 원한은 하늘에 사무쳐 천한(天恨)이 되고, 천한은 지상에 재앙을 일으킨다는 말이 있습니다. 그것은 4·3과 같은 참사를 공동체가 제대로 기억하지 않는다면 또다시 그러한 참사가 발생할 수 있다는 뜻입니다. 4·3을 기억하는 것은 민족공동체의 의무입니다.

그러나 그러한 기억 행위는 지금의 부박한 세태 속에서 이루어지기 힘듭니다. '사회적 정의' 혹은 '역사 바르게 세우기'와 같은 진지한 가치를 너무 무겁다고 외면하고 있는 겁니다. 우리에게 웃음을 주는 엔터테인먼트는 필요합니다. 하지만 진정 웃을 수 있는 삶을 위해 외면할 수 없는 가치들이 있습니다. 평화, 인권, 정의, 비폭력 등이 그것입니다. 이러한 가치를 품고 있는 것이 4·3입니다. 그러므로 4·3을 가르치고 배우는 일이 무

추천사

엇보다 중요합니다. 그것은 우리를 망각에서 구하고, 사회적 정의를 밝히고, 역사를 바로 세우는 일이기 때문입니다. 유대인 대학살의 상징으로 여겨지는 아우슈비츠 수용소 정문에 다음과 같은 경구가 쓰여 있습니다.

"아우슈비츠보다 더 무서운 것은 인류가 아우슈비츠를 망각하는 것이다."

그동안 제주를 비롯한 국내외 사람들에게 4·3을 인류 보편의 문제로 알리고, 평화·인권·통일·정의의 가치를 진술하게 실천해 온 한상희 박사에게 깊은 경의를 표합니다. 《4·3이 나에게 건넨 말》의 '나'는 우리 모두입니다. 우리를 나누는 경계와 울타리는 없습니다. 오직 4·3을 기억하는 형제, 세계시민일 뿐입니다.

이 책이 세계 곳곳에 밀알처럼 가닿기를 소망합니다. 그 밀알이 교육 현장에서는 배움과 가르침이 수평으로 이어지고 넓어지는 신선한 자극이 될 것이요, 삶터에서는 감사와 넘나듦이 풍성해지는 마중물이 될 것입니다.

현기영 (〈순이 삼촌〉 저자)

차례

프롤로그
우연히 찾아온 4·3

안녕!

나는 제주에 사는 한상희야. 4·3을 세상에 널리 알리기 위해 강의와 답사 안내를 하고 있어. 그러다 보니 오늘은 너희를 만나게 되었네.

난 4·3을 소개할 때마다 고등학교 1학년이던 16살의 장난꾸러기 한상희를 먼저 말하곤 해. 우연히 찾아온 4·3에 대해 오랫동안 답을 구하러 다녔던 긴 여정의 시작이 그때였거든. 너희 덕분에 청소년기의 내 모습을 추억하는 시간을 갖게 됐어. 그래서 고마워.

나는 어릴 때 친구들과 어울려 놀기를 무척 좋아했어. 밤이 되면, 내일은 친구들과 뭘 하며 놀까 생각하면서 잠을 자곤 했어. 그런데 어느 날 이상한 꿈을 꿨어. 꿈속에서도 나는 친구들과 놀았어. 놀다 보니 손이 지저분해져서 손을 씻으려고 우리 집 앞 바닷가로 가서 물에 손을 담갔지. 그런데 물속에서 뼈들이 만져지는 거야. 내 손을 이리저리 옮겨도 만져지는 것은 똑같았어. 뼈들이 만져질 때마다 나는 그 뼈들을 건져 어느 공동묘지 무덤 옆 비석 위에 올려놓고 왔어. 무서운 꿈이었어.

꿈을 꾸고 일어난 아침, 어머니에게 꿈 이야기를 했어. 어머니는 내 말을 듣자마자 "아이고! 네가 외할아버지 꿈을 꿨구나!"라고 말씀하셨어. 그날 처음 4·3을 겪은 어머니와 외삼촌, 그리고 외할아버지의 사연을 듣게 됐어.

1948년 늦가을인 11월 7일, 제주도 남원읍 한남리라는 마을이 불탈 때, 어머니(당시 8살)는 동생(외삼촌, 당시 5살)과 함께 '올레'에서 놀고 있었어. 당시 제주도 사람들은 집을 큰길가에 바짝 붙여 짓지 않고 길에서 집으로 이어지는 작은 골목을 만들어 놓고 그 골목이 끝나는 곳에 집을 지었는데, 그 골목을 '올레'라고 해. 아무튼 토벌대(군인, 경찰)가 마을에 들이닥쳐 마을의 초가집을 하나둘씩 불태워 가자 어린 남매는 이제 곧 자기들 집도 불에 탈 거라고 걱정하면서 근처 대나무밭에 숨었어. 그 속에서 두려움에 떨며 부모님을 밤새 기다렸는데 어머

올레 ⓒ김기삼

니만 오셨어. 그날 이후 어린 남매는 자신들의 아버지를 볼 수
가 없게 되었어.

　이야기를 듣던 나는 어머니에게 물었어. "외할아버지는요?"

　마을이 불탄 후, 어린 남매의 가족은 아버지가 사라져 버렸
기 때문에 '도피자 가족'이 되었고 피난생활에 들어갔어. 집안
에 젊은 남자가 사라지면 남은 가족을 도피자의 가족이라며 마
구 총살하던 때였거든. 마을이 불탄 후론 다시 볼 수 없었던 어

린 남매의 아버지는 어처구니없게 서울 마포형무소에서 '무기징역'이라는 어마어마한 형량으로 감금됐다가 6·25전쟁 때 희생되었어.

나는 이날 아침 쏟아지는 궁금증을 참을 수가 없었어. 왜 외할아버지는 전과자가 되었을까? 무슨 사연으로 마포형무소에 감금됐을까? 당시 어머니는 8살이고, 외삼촌은 겨우 5살인데, 이 어린 남매는 아버지 없이 그동안 어떻게 살아온 것일까? 우리 집 말고 다른 집에도 이런 사연들이 있을까? 당시 무슨 일이 있었던 것일까? 우선 내가 할 수 있는 일은 학교에 가서 친구들에게도 그런 사연이 있는지 물어보는 거였어. 얘기를 들어 보니, 이유는 모르지만 친구들에게도 4·3 때 돌아가신 가족이나 친척들이 많았어.

이렇게 우연히 찾아온 4·3은 나에게 '질문'을 구하는 긴 여정을 떠나게 했어. 고등학교 1학년인 그때는 마침 1987년 '6월 항쟁' 직후인 1988년이었어. 우리나라는 오랫동안 군부세력이 독재를 했어. 국민들이 직접 대통령 선거에 참여하지도 못하던 시절이었지. 그래서 많은 사람들이 '대통령 직선제' 등을 요구하며 민주화운동을 전개했는데, 그게 1987년 전국을 들끓게 했던 6월 항쟁이야. 6월 항쟁으로 국민들이 비로소 대통령 선거에서 직접 투표할 수 있는 권리를 갖게 됐고, 그 밖에도 우리 사회 여러 분야에서 민주주의가 조금씩 뿌리내리기 시작했어. 4·3은 수십 년 동안 함부로 말해선 안 되는 것이었는데, 1987년 6월 항쟁에 힘입어 언론과 시민사회를 중심으로 진상규명 작업이 시작되었어. 1988년부터 '4·3 유적지 기행'이 있기에 나는 어른들을 따라 유적지에 가곤 했어.

"4·3이 뭐우까?(4·3이 뭐예요?)"라는 질문에 사람들의 대답은 제각각 달랐어. 누군가는 미군정 이야기를 하고, 어떤 이는 대한민국 정부를, 또 누군가는 6·25전쟁 이야기를 했어. 어떤 사람은 군인과 경찰(군·경 토벌대)에 의한 희생을 이야기하고, 또 다른 사람은 무장대에 의해 희생된 이야기를 했어.

오랜 세월 벌어졌던 참혹한 이야기, 뭔가 어떤 체계 아래 계획적으로 자행된 사건, 대부분 불타 버린 중산간 마을(한라산과 바닷가 사이에 있는 마을) 등 아직 밝혀지지 않은 이야기가 있을 거라는 의문이 계속 생겼어. 이때부터 나는 친구들과 마냥 즐겁게 놀던 시간을 잠시 멈추고 4·3을 알기 위해 길을 나서게 됐어.

질문! 궁금해하는 바를 얻기 위한 물음! 너희들도 조선시대 때 명필로 유명한 '추사 김정희 선생'을 알지? '추사체'라는 독특한 필법을 완성한 분이지. 그런데 추사 선생은 제주도 대정현이라는 곳에서 9년 가까이 유배생활을 했어. 당대 최고의 학자인 추사 선생이 유배 오니까 대정향교에서 공부하던 학생들이 추사 선생을 모시고 가르침을 받곤 했는데, 선생은 학생들을 위해 '의문당'이라는 글을 써 주었어. 이 글은 나무 널판에 새겨져 지금도 대정향교에 걸려 있어. 늘 의문을 갖고 있어야 제대로 공부할 수 있다는 거지. 요즘 말로 하면, 뜻도 모른 채 무조건 외우려고만 하지 말고 비판적 사고를 하라는 의미겠지.

아무튼 그 후 2000년에 '4·3특별법'(정식 명칭은 '제주4·3사건 진상규명 및 희생자 명예회복에 관한 특별법')이 제정되고 2003년 〈제주4·3사건 진상조사보고서〉(이하 〈진상조사보고서〉)가 나오자 그동안 품어 왔던 궁금증이 조금씩 풀리면서 비로소 4·3의 맥락을 알게 되었어. 왜 4·3이 일어났고 7년 7개월이란 긴 세월 동안 무슨 일이 벌어졌던 것인지 이해할 수 있게 된 거야. 물론 우리 외할아버지의 사연도 알게 되었어.

그런데 이번에는 다시 새로운 질문이 찾아왔어.

어느 날 〈진상조사보고서〉를 통해 알게 된 4·3의 참상을 떠올리면서 내 좁은 방의 창문을 열었는데, 할머니, 할아버지, 어린이, 학생, 청년들이 거리를 걷는 풍경이 펼쳐진 거야. 물론 제주의 아름다운 바다와 오름도 보였고…. 어제와 전혀 다를 바 없는 모습이었지만, 문득 4·3 때 군·경 토벌대의 무차별 학살극이 전개되던 장면과 겹치는 거야. 당시 마을이 불타고 홀로 남은 10살 미만의 어린이들이 지금은 80대, 90대 할머니와 할아버지가 되었을 텐데, 이분들은 4·3의 상처로 엄청난 트라우마에 시달릴 텐데, 어떻게 거리에서 보이지? 그리고 거리를 걷는 청년, 학생, 어린이는 누구의 자손이지? 4·3 때 부모를 잃고 홀로 남은 아이들이 어떻게 다시 가족을 이루고 제주섬을 일굴 수 있었을까? 4·3 당시 군·경 토벌대에 의해 깡그리 불에 타 잿더미로 변했던 마을들이 지금은 너무나 아름답게 보이는데, 이 아름다움 너머에는 무엇이 있는 거지?

이때부터 4·3을 찾아가는 새로운 여정이 시작되었어.

4·3은 하나의 사건이면서 또한 3만 개의 사건이라고 하는 이유, 4·3 당시 희생된 사람들이 만일 죽지 않고 살았더라면 만들어 냈을 상상의 역사, 4·3 때 다양한 위치에 있던 사람들의 이야기, 누군가의 어떤 판단과 결정에 따라 많은 사람이 목숨을 구하기도 또는 학살당하기도 했던 정황, 타인의 입장에서 생각하고 판단하고 행동했던 사람들과 다른 사람의 고통을 외면하고 학살을 일삼았던 사람들…. 이것들이 내 여정의 이정표가 되었어.

또한 나의 관심사는 4·3 당시의 사람들, 4·3 이후 홀로 남은 사람들, 4·3 진상규명에 앞장섰던 사람들, 4·3을 기억하게 만

들려고 노력하는 사람들로 이어졌어. 즉 '4·3과 사람들'로 관심이 옮겨진 거야. 4·3 당시 가족과 친척을 모두 잃은 어린아이들이 어떻게 다시 일어섰으며 그 회복의 힘은 무엇인지, 만일 회복되지 못했다면 후손인 우리에게 어떤 과제가 남겨져 있는지, 무고하게 희생된 사람들의 멍에를 어떻게 벗겨 낼 수 있을지, 4·3이 멈춰 버린 과거의 시계추인지 미래로 향하는 현재의 시곗바늘인지…. 이와 같은 두 번째 질문이 나를 여기까지 오게 만들었어.

이 책은 크게 4·3에 대해 품은 첫 번째 질문과 두 번째 질문에 대해 답을 찾아가는 내용으로 나눌 수 있어. 첫 번째 질문에 대한 답은 75년 전의 4·3으로 들어가 봄으로써 찾을 수 있어. 두 번째 질문에 대한 답은 지금도 찾아가는 중이야. 4·3이 남긴 과제가 꽤 많거든. 그래서 너희들이 필요해. 너희가 든든한 친구가 되어 그 길에 함께해 줄래.

4·3이 나에게 말을 걸다

사진. 고현주 〈표선해수욕장 – 희생터〉

4·3은 제주도만의 역사가 아니고 대한민국의 역사이고 세계사적인 사건이라고 할 수 있어.

4·3은 왜 일어났을까? 왜 당시 제주섬은 불바다가 되었을까? 누가 어떤 목적으로 제주섬을 초토화시켰을까? 왜 제주 사람들을 분리·배제하는 것을 넘어 절멸하려 했을까?

4·3은 일제강점기가 끝나 해방된 제주에서, 제주 사람들이 경찰과 극우청년단의 탄압에 저항한 사건이야. 또한 통일된 독립국가 건설을 위해 남한만의 단독선거와 단독정부를 반대하며 봉기한 사건이야. 그 과정에서 제주도민들이 가혹하게 학살당한, 제주역사에서 아니 한국사에서 이전에는 없었던 대참사

였어.

제2차 세계대전이 일본의 패망으로 끝나자 우리 민족이 해방됐지만 곧 미국과 소련에 의해 한반도가 강제로 분할 점령되었지. 그에 따라 남북이 분단되었고 곧이어 미국과 소련 간의 갈등인 세계적인 냉전 체제가 본격화되었어. 4·3은 바로 그 무렵 발발했어.

4·3의 기간은 1947년 3·1절 발포사건부터 1954년 9월 21일 한라산 통행금지령이 해제될 때까지 무려 7년 7개월이야. 1945년 8월 해방된 직후 미군이 남한 지역을 점령해 직접 통치한 미군정 시기, 1948년 8월 15일 대한민국 정부 수립, 1950년 6·25전쟁 등이 모두 4·3에 포함돼. 그 기간에 시기별로 여러 국면이 펼쳐졌어.

초기에는 미군정 경찰과 서북청년회라는 극우단체가 제주도민들을 탄압했어. 경찰에 끌려간 중학생과 청년 등이 고문을 받던 중에 사망하는 사건이 세 건이나 잇따라 벌어질 정도로 가혹한 탄압이었지. 그러자 탄압에 저항하는 항쟁의 국면이 펼쳐졌어. 항쟁 과정에서 제주 사람들은 전국적인 흐름에 맞춰 남한만의 단독선거와 단독정부 수립을 반대하는 통일운동을 전개했어. 그러자 군·경 토벌대는 강경 진압작전을 벌였는데, 이를 '초토화작전'이라고 해. 이때 많은 인명 피해가 발생했어. 1948년 11월부터 약 4개월간 전개된 초토화작전 때 중산간 마을 대부분이 불타 없어졌어. 남녀노소 가리지 않는 무차별 토벌작전으로 3만 명가량의 제주도민이 희생되었어. 노약자의 희생 비율이 33%가 넘어.

국무총리 소속 '제주4·3사건 진상규명 및 희생자 명예회복 위원회'(이하 4·3위원회)에서 2003년 공식 채택한 〈진상조사 보고서〉는 제주4·3을 무장대와 토벌대 간의 무력충돌과 토벌 대의 진압과정에서 수많은 주민들이 희생당한 사건으로 규정 하고 있어. 그런데 진상조사 결과 대부분의 희생이 국가 공권 력에 의해 발생했고, 특히 희생자 대다수가 비무장 민간인이었 다는 것이 밝혀졌어. 이에 따라 노무현 대통령이 정부를 대표 해 공식 사과했어. 2022년에는 4·3특별법이 개정되어 4·3 당 시 희생된 사람들에 대한 배상과 불법적인 군사재판에 대한 재 심이 진행되고 있고, 트라우마센터 설립 등 정신적 상처를 치 유할 수 있는 기반이 만들어지고 있어.

4·3은 분단과 냉전이라는 역사의 소용돌이 속에서 수많은 제주도민의 목숨을 앗아 간 한국현대사의 참극이지만, 이제는 역사의 상처를 교훈 삼아 평화와 인권이라는 인류 보편의 가 치와 통일이라는 우리 시대의 과제를 일깨워 주는 상징이 되고 있어.

1) 해방과 함께 제주섬에 찾아온 탄압

일제가 물러가자 곧이어 미군이 점령

4·3을 알기 위해서는 일제강점 말기, 즉 해방되기 직전 상황에 먼저 주목해야 해.

1945년 8월 15일 우리 민족은 일본 제국주의의 압제에서 벗어나 35년 만에 해방의 기쁨을 맞이했어. 일본이 물러난 이유는 우리가 그들을 몰아냈기 때문이 아니라 일본이 제2차 세계대전에서 미국, 영국, 소련, 중국 등 연합군에게 패배했기 때문이야.

그런데 일본이 물러가자 곧이어 38도선을 경계로 한반도 북쪽에는 소련군이 들어오고, 남쪽 지역은 3년 동안 미군이 진주하면서 남북이 강제로 분단되었어. 당시 태평양지구 연합군 사령관인 맥아더 장군은 1945년 9월 7일 "본관 휘하의 전승군은 북위 38도 이남의 조선지역을 점령(occupy)함"이라는 '포고 제1호'와 점령군인 미군에 반항할 때에는 사형 또는 기타 형벌에 처하겠다는 '포고 제2호'를 발포했어. 미군은 포고를 발포한 다음 날에 우리 땅으로 들어왔어. 미군은 점령군으로 한반도 이남에 들어온 거지. 그리고 대한민국 정부가 수립되기 전까지 3년간 직접 통치했어. 이때를 '미군정 시기'라고 불러.

강요배 〈해방〉(1990) 종이에 콘테_39x55cm
제주 사람에게 해방은 일제의 압박에서 벗어났다는 의미를 넘어 '지옥으로부터의
탈출', '죽음으로부터의 탈출'이었다.

한반도 남쪽과 북쪽을 각각 점령한 미국과 소련은 자신들의 세력 확장에만 몰두할 뿐 우리 민족이 갈망하는 통일된 민족국가 건설에는 관심이 없었어. 해방 직후 미국, 영국, 소련은 한반도에 통일된 국가를 건설하기로 약속했지만, 시간이 흐르면서 남북 분단이 점점 더 굳어져 갔어.

건국준비위원회와 인민위원회의 설립

제2차 세계대전 말기, 패색이 짙어진 일본은 본토 방위를 위해 연합군의 전진기지가 될 가능성이 있다고 판단한 제주도를 요새로 만들었어. 바닷가와 오름에 전쟁용 동굴인 진지동굴 700여 개를 팠고, 공중전에 대비해 고사포 진지를 구축했고, 이미 중국 폭격을 위해 조성해 놓았던 비행장에 전투기 격납고를 만들었어. 일제의 전략에 따라 제주도민들은 삶의 터전을 빼앗기고 요새를 만드는 데 강제로 동원돼 노역에 시달렸어. 일제는 만일 미군이 제주도에 상륙한다면 제주도민들까지 동원해 최후의 1인까지 싸우다가 죽겠다는 전략을 세운 거야. 일제의 이러한 전략 때문에 오키나와에서는 많은 민간인들이 희생됐지.

다행히 일본이 미국의 원자폭탄을 맞자마자 곧 항복했기 때문에 제주도에서 전쟁이 벌어지진 않았어. 만일 일본의 항복이 조금만 늦어졌더라면 제주도는 오키나와에서 그랬던 것처럼 미군과 일본군이 벌이는 전쟁터가 되고 이 전쟁에 동원된 제주 도민들이 대규모로 희생됐을 거야. 그래서 제주 사람에게 해방은 단순히 일제의 압박에서 벗어났다는 의미를 넘어 '지옥으로부터의 탈출', '죽음으로부터의 탈출'이라고 할 수 있지.

죽음으로부터 탈출한 제주도 사람들의 부푼 꿈은 새 나라 건설이었어. 물론 '새 나라 건설'은 제주도만이 아니라 우리 민족 모두의 염원이었지. 그래서 해방이 되자마자 전국적으로 '건국준비위원회'가 조직되었어.

일제의 조선 총독은 전쟁에서 질 것이 확실해지자 치안이 걱정되었어. 당시 조선에는 일본군과 일본 경찰만 있었던 게 아니라 민간인으로 살고 있는 일본인도 많았는데, 흥분한 조선인들이 과거 자신들을 탄압한 일본인들에게 분풀이할까 봐 걱정됐던 거지.

그런데 누구에게 치안을 맡겨야 조선인들이 질서를 지킬 수 있을까? 그동안 친일파 민족반역자들은 큰 권력을 누려 왔지만, 해방된 상황에서 그들의 말을 듣는 사람이 있을까? 변절한 지식인과 언론인들의 말을 들을까? 소설가와 시인으로 유명한 이광수와 최남선과 같은 지식인, 1905년 일제의 강압으로 을사늑약이 체결돼 조선의 외교권이 박탈당하자 〈시일야방성대곡(是日也放聲大哭, 이날에 목 놓아 크게 우노라)〉을 쓰며 일제를 규탄했던 언론인 장지연 등은 한때 일제에 저항하는 모습을 보이기도 했지만, 일제의 강점이 오래 지속되자 대부분 변절해 친일파 민족반역자가 됐어.

그렇다면 누구를 내세워야 일본인들이 안심할 수 있을까? 조선 총독은 잠시 고민에 빠졌지만 금세 답을 찾았어. 아! 조선 독립을 위해 앞장섰던 사람에게 치안을 맡기면 조선인들이 그의 말을 들을 거야! 하지만 조선에는 독립운동가들이 거의 없었어. 왜냐고? 김구 선생 등 대부분의 독립운동가들은 조선이 아니라 중국에 계셨거든. 임시정부 알지? 그리고 일본군과 무장투쟁을 하던 분들은 만주 지역에 있었지. 그래서 조선 총독은 다시 머리가 아파졌어.

그런데 이번에도 역시 금방 누군가가 떠올랐어. 조선 땅에 살고 있는 대표적인 독립운동가는 바로 여운형 선생이었어. 여운형 선생은 일제강점기 때 독립운동을 하다 여러 차례 감옥에 갇혔던 분이야. 1919년 3·1독립운동에 관여했고, 상해 임시정부 수립에도 앞장섰어. 국내로 들어온 후엔 언론사를 운영하기도 했는데, 1936년에는 베를린올림픽 마라톤에서 우승한 손기정 선수의 사진에서 가슴에 그려져 있는 일장기를 지운 채 기사를 게재하는 바람에 신문사가 폐간되기도 했지. 해방되기 1년 전인 1944년 8월에는 '조선건국동맹'이라는 비밀조직을 결

강요배 〈학교 창설〉(1990) 종이에 콘테_28.4x54cm
해방 후 새 나라를 건설하겠다는 희망은 학교를 세우고 배움의 비를 뿌리는 것으로도 나타났다.

성해 독립을 준비해 온 분이야.

여운형 선생은 조선 총독이 치안을 맡기자 해방되던 날에 곧바로 '건국준비위원회'(이제부터 '건준'이라고 줄여서 말할게)를 만들었어. 일제가 망했으니 이젠 우리 손으로 우리의 나라를 만들어야 하니까, 그 준비를 하기 위한 조직을 만든 거야. 건준은 곧 전국 곳곳으로 퍼져 나갔어. 물론 제주도에도 건준이 조직됐어. 건준은 독립운동을 하다 감옥에 갇혀 있던 사람들을 풀어 주고, 패망한 일본 군인이나 경찰이 행패를 부리지 못하도록 치안유지에 힘썼어. 앞으로 완전한 독립국가를 건설하기 위한 준비와 과도기의 질서유지를 목표로 내세웠어.

그런데 곧 미군이 남한 지역에 들어올 거라는 소문이 돌기 시작했어. 소문은 점점 사실로 굳어졌고, 마침내 '1945년 9월 8일에 미군이 한반도에 진주할 것'이라는 내용이 언론에 보도됐어. 그러자 여운형 선생은 미군 점령 이틀 전인 9월 6일에 급히 전국인민대표자대회를 열어 '조선인민공화국'이 수립됐음을 선언했어. 그리고 건준을 대신할 인민위원회를 조직하기 시작했어. 나라를 표방한 조선인민공화국 수립을 선언했으니 그 나라를 운영할 행정조직이 필요했는데, 그 조직이 바로 '인민위원회'인 거야. 조선인민공화국이 현재의 북한 정부의 명칭인 '조선민주주의인민공화국'과 다른 것은 다 알고 있겠지?

아! 그리고 '인민'이라는 말이 나왔으니 이에 대해 한 가지 해 주고 싶은 말이 있어. 원래는 좋은 말인데 잘 사용하지 않게 된 단어들이 있어. 예를 들면, 친하게 지내는 벗을 뜻하는 '동무' 또는 국가나 사회를 구성하고 있는 사람들을 뜻하는 '인민'이 그것인데, 북한에서 애용한다는 이유로 사용해선 안 될 단어로 취급받게 된 거야. 그래서 순우리말인 '동무' 대신에 한자어인 '친구'를 쓰게 됐고, '인민' 대신 '국민'이라는 단어를 주로 쓰게 됐지. 미국 링컨 대통령의 유명한 연설 중 "government of the people, by the people, for the people"라는 표현이 있는데, 이에 대한 정확한 번역은 "인민을 위한, 인민에 의한, 인민의 정부"라고 할 수 있지. '국민(國民)'은 '나라의 백성'이라는 뜻으로 고려시대나 조선시대 때에도 사용되던 단어라는 주장도 있지만, 본래는 '황국신민(皇國臣民)'의 줄인 말이야. '일본 천황이 다스리는 나라의 신하 된 백성'이란 뜻이지. 그래서 일제강점기 때 만들어진 '국민학교'라는 명칭이 부적절하다고 해서 1996년에 '초등학교'로 이름이 바뀐 거야. 그런데 학교 이름에서는 '국민'이라는 단어를 뺐지만, 지금 갑자기 '국민'을 북한처럼 '인민'이라고 지칭하려면 많은 사람의 합의가 필요하기 때문에 그냥 국민이라고 사용하는 거야. 또한 지금 우리가 말하는 '국민'이 일제강점기 때의 '황국신민(국민)'이라는 뜻으로 쓰이는 건 아니지.

'인민'이란 용어에 대한 이야기는 이 정도만 하고, 다시 '조선인민공화국'에 대해 생각해 보자. 여운형 선생은 왜 제대로 절차를 밟지도 않은 채 나라가 수립됐음을 선언했던 것일까? 너무 성급하고 경솔한 행동이라고 볼 수도 있겠지. 하지만 그건 바로 미군의 점령을 앞두고 조금이라도 우리 민족이 주도권을 갖기 위해서였어. 세계 최강인 미군의 점령을 막을 수는 없지만, 그렇다고 해서 일제로부터 해방된 우리 민족이 스스로 독립국가를 세우겠다는 의지도 보이지 않은 채 미군의 점령을 당연시하면서 미군의 처분만 기다릴 수는 없잖아.

만일 일제강점기 때 조선인 모두가 일본의 압력에 굴복해 아무도 독립운동을 하지 않았다면 우리는 그때를 어떻게 기억할까? 몇몇 사람의 독립운동으로는 세상이 달라지지 않는다며, 그래 봐야 '달걀로 바위를 치는 것'처럼 무모한 일이라며, 아무도 나서지 않았다면 우리는 얼마나 비루한 역사를 갖게 되었을까? 마찬가지로 일제로부터 해방됐음에도 우리 민족 스스로 나라를 세우겠다고 나서는 사람이 없었다면 우리는 그때를 부끄러운 역사로 기억하겠지.

한편, 한반도의 38도선 이남을 점령한 미군은 조선인민공화국의 존재를 전혀 인정하지 않으면서 '미군정'을 실시했어. 미군이 정부 역할을 하면서 직접 통치하겠다는 거야. 그러니 당연히 인민위원회를 탄압해 곧 없애 버렸지. 그래서 건준이든 인민위원회든 그 존속기간이 아주 짧았어. 서울의 경우엔 1945년 12월 말쯤 인민위원회가 사라지게 돼.

제주도 인민위원회, 대중의 지지를 받은 자치기관

그런데 제주도 인민위원회는 1947년에 3·1절 축하 광고를 신문에 실을 정도로 오랫동안 지속됐어. 왜 제주도의 인민위원회가 서울을 비롯한 다른 지역과 달리 미군의 탄압을 받지 않은 채 존속할 수 있었으며, 그 기간에 제주도 인민위원회는 어떤 역할을 했던 것일까?

이 점에 대해 알기 위해서는 우선 언제부터 제주도에 미군정이 실시됐는지부터 살펴볼 필요가 있어. 앞에서 말했듯이 미군이 인천을 통해 남한 지역에 진주한 때는 1945년 9월 8일이야. 이튿날에는 서울로 가서 곧 미군정을 실시했지. 그런데 제주도에 미군 군정중대가 들어온 것은 1945년 11월 9일이야. 이때는 해방된 지 86일째 되는 날이지. 평범한 나날들이 아니라 격변기에 86일은 아주 긴 기간이야. 일제는 패망했고, 뒤이어 우리 민족을 지배한 미군정은 아직 실시되지 않은 진공상태의 공백기가 86일이나 됐던 거지.

이 기간에 제주도 인민위원회는 치안유지를 했고, 행정 업무를 했어. 제주도민들이 다른 지배자 없이 86일 동안 스스로 제주도를 운영한 거야. 이를 자치(自治)라고 해. 인민위원회는 바로 '자치기관'인 거지. 일제강점기 때 독립운동에 앞장섰던 사람들이 인민위원회를 주도했기 때문에 제주도민들의 전폭적인 신뢰와 지지를 받았어. 또한 일제강점기 때 친일파 민족반역자가 되어 아주 나쁜 짓을 한 사람을 제외하고 대부분 포용했어.

강요배 〈인민위원회〉(1990) 종이에 펜과 먹_39x43.2cm

인민위원회는 강력한 힘과 권위를 가졌기에 온건했어. 미군정 요원으로 근무했던 그란트 미드는 자신의 경험을 토대로《주한미군정 연구》라는 책을 펴냈는데, 그는 책에서 "제주도 인민위원회는 이 섬에서 하나밖에 없는 정당인 동시에 모든 면에서 정부 행세를 한 유일한 조직체였다"라고 썼어.

제주도에 미군정이 실시된 이후에도 인민위원회는 영향력을 잃지 않았어. 비록 치안유지와 행정업무가 미군정에 넘어갔지만, 인민위원회는 미군정과 협력하면서 새 나라 건설을 위해 힘을 쏟았어. 특히 교육사업에 역점을 두었는데, 제주도민들은 스스로 땅과 돈을 내놓아 중등학교를 곳곳에 세웠어. 미군정도 인민위원회가 자신들에게 적대적인 태도를 보이지 않았고, 또한 인민위원회의 협조를 받아야 원활하게 통치할 수 있었기 때문에 굳이 인민위원회를 탄압하지 않았지.

그런데 서울을 비롯한 전국의 인민위원회가 미군정의 탄압을 받기 시작하자, 이에 맞서기 위해 새 나라 건설에 앞장섰던 여러 단체들이 힘을 모아 1946년 2월 민주주의민족전선(민전)이라는 연합단체를 조직했어. 그러나 제주도 민전은 1년 뒤인 1947년 2월에야 조직됐어. 인민위원회가 여전히 힘과 권위를 갖고 있고, 미군정의 탄압도 없었기 때문에 굳이 미군정에 대항하기 위한 조직을 만들 필요가 없었던 거지. 그러다가 제주도 인민위원회에도 점차 탄압이 가해지자 뒤늦게 민전을 조직한 거야.

아무튼 서울에서 민전이 출범할 때, 민전은 '건국 5칙'을 발표했어. 앞으로 나라를 세우면서 반드시 명심하고 지켜야 할 원칙을 밝힌 거야. 그 내용은 아래와 같아.

> 건국 5칙
>
> 1. 기업가와 노동자가 다 같이 잘 살 수 있는 나라를 세우자!
>
> 2. 지주와 농민이 다 같이 잘 살 수 있는 나라를 세우자!
>
> 3. 여자의 권리가 남자와 같이 되는 나라를 세우자!
>
> 4. 청년의 힘으로 움직이는 나라를 세우자!
>
> 5. 학생이 안심하고 공부할 수 있는 나라를 세우자!

민전은 왜 이런 원칙을 세워 사람들에게 알렸을까? 그건 바로 당시의 상황이 이 원칙과 거리가 멀었기 때문이지. 해방이 됐지만 노동자와 농민의 열악한 삶은 나아지지 않았고, 지독한 가부장적 사회였기에 여성은 정당한 권리조차 보장받지 못했고, 청년은 배제되고, 학생이 공부에 매진할 여건이 안 되었기 때문이야. 민전이 내걸었던 새 나라의 건국 5원칙이 이루어졌다면 지금 어떤 사회가 되었을까? 아마 남녀가 평등하고 학생이 안심하고 학교 다닐 수 있고, 지주와 농민 그리고 기업가와 노동자 사이에 갈등이 없는, 모든 사람들의 삶과 권리가 존중되고 조화를 이루는 사회가 되었을 거야. 현실 세계에서 이와 유사한 나라는 아마도 노르웨이, 스웨덴, 핀란드 등 사회복지가 잘 마련된 북유럽 국가들일 거야.

모스크바 3상회의와 신탁통치 논란

1945년 12월, '모스크바 3상회의'가 열렸어. 소련 모스크바에서 미국, 영국, 소련 3국의 외무부장관이 만나 제2차 세계대전 이후의 세계질서를 재편성하기 위한 회의야. 이 회의에서는 한국의 독립 문제에 대해서도 논의하였는데 그 결과, ① 한국의 독립을 위해 통일된 임시정부를 세울 것, 이를 위해 미·소공동위원회를 구성할 것 ② 최고 5년간 미국·영국·소련·중국이 신탁통치를 하되 임시정부와 협의할 것을 결정했어.

그런데 공식발표가 있기도 전에 소련의 주장 때문에 신탁통치를 받게 되었다는 잘못된 소식이 〈동아일보〉에 의해 전해졌어. 이에 대해 즉각적인 독립을 원했던 우리 시민들은 거세게 반발했어. 나중에 신탁통치를 주장한 것은 미국이고 그 기간을 길게 잡은 것 역시 미국이었다는 사실이 알려졌지만, 이미 가짜뉴스가 전국으로 확대되면서 큰 혼란을 불러일으켰어. 일제강점기를 35년이나 겪었는데, 또다시 5년간 외국의 지배를 받는 것에 대해 정서적인 반발이 컸던 거지.

그 결과 모스크바 3상회의의 핵심 내용이 미군과 소련군에 의해 분할 점령된 조선을 통일된 나라로 만들기 위한 임시정부 수립이며, 이를 통하여 미·소 군정이 폐지된다는 사실은 가려지고 말았어. 시간이 흐르면서 모스크바 3상회의 결정 내용이 통일정부 수립에 중점을 두고 있다고 이해한 쪽과 신탁통치 쪽에 비중을 두고 이해한 쪽 간의 갈등이 심해졌어. 신탁통치 문제로 인한 민족 내부의 분열은 자주적인 통일국가 건설의 역량을 크게 약화시켰어. 가짜뉴스의 폐해는 어디까지 갔을까?

모스크바 3상회의의 핵심이 신탁통치에 있다고 보도되면서 반탁(신탁통치 반대)하는 것이 마치 민족주의인 것처럼 왜곡되었어. 이러한 상황을 이용하여 '친일파 반민족행위자'들은 신탁통치 반대에 앞장섰는데, 이들은 반탁운동을 반소련·반공산주의·민족의 자주운동이라고 선전하면서 자신들을 애국자로 둔갑시켰어. 일제강점기 때는 온갖 권력과 돈을 갖고 있었지만, 해방 직후 무슨 일을 당할까 걱정돼 납작 엎드려 숨죽이고 있던 친일파 민족반역자들이 반탁운동을 기회로 민족주의자 또는 애국자로 신분 세탁을 한 셈이야. 내가 중고등학교를 다닐 때도 역사 시간에 모스크바 3상회의의 핵심 사항은 신탁통치였다고 배웠어.

2) 3·1절 발포사건과 총파업의 함성

친일파 경찰, 미군정 경찰로 변신

해방이 되자 제주도는 큰 혼란에 빠졌어. 일제강점기 때 일본에서 노동을 하며 경제활동을 하던 6만여 명이 귀향했는데, 제주도에는 이들의 일자리가 없었어. 그 결과 경제가 어려워졌고, 미군정이 일본과의 교역을 막아 생활필수품이 매우 부족했어. 이 과정에서 경찰과 미군정 관리들은 밀수품 단속을 구실로 일본에서 귀향하던 사람들의 물품을 빼앗아 장사꾼과 결탁하는 등 부정행위를 일삼았어.

게다가 1946년에는 큰 흉년이 들어 식량난이 발생했어. 엎친 데 덮친 격으로 무서운 전염병인 콜레라가 번져 400명 가까이 사망하는 등 제주 사회는 경제적·사회적으로 큰 어려움을 겪었어. 또한 미군정은 쌀값이 폭등하자 자유시장제를 폐지하고 공출제를 시행했어. 식량 정책이 실패하자 일제강점기 때의 '공출 제도'처럼 쌀에 대해선 '미곡 수집', 보리에 대해선 '하곡 수집'이라는 이름으로 농민들이 땀 흘려 재배하고 수확한 곡식을 강제로 가져간 거야. 이에 대해 제주도민들은 크게 분노했지. 더구나 제주에서는 쌀이 거의 생산되지 않는데도 미곡 수집 할당량이 내려오니 어이없는 일이었지.

한편 미군정은 일제 관리와 경찰을 다시 등용했어. 경찰 간부의 대부분이 일제강점기 때의 경찰로 채워졌어. 일제 경찰이 미군정 경찰로 옷만 갈아입은 격이지. 미군정이 처음으로 군 장교로 임관시킨 사람이 110명인데, 이 중 광복군 출신은 겨우 한 명뿐이고 대부분은 일본군이나 또는 일본의 꼭두각시 정부인 만주국의 군인 출신들이었어. 이들은 미국과 소련 간의 냉전체제 속에서 전개된 미군정의 반공정책에 편승함으로써 자신들의 친일 행적을 지웠고, 미군정이라는 거대한 그늘 아래에서 다시 권력을 잡았어.

또한 미군정 시기에는 많은 반공단체들이 조직되었어. 그중에서 가장 대표적인 단체가 '서북청년회'야. 서북청년회는 해방 이후 북한에서 남한으로 내려온 사람들 중 일부가 조직한 단체야. 북한에서는 공산주의를 채택해 지주의 땅을 무상으로 몰수해 무상으로 분배했어. 그리고 남한과는 달리 친일파 청산을 엄격하게 했지. 또한 기독교에 호의적이지 않았어. 이와 같은 이런저런 이유로 고향을 떠나 남한으로 내려왔는데, 그중엔 훌륭한 분들도 많았어. 하지만 일부 무지하고 공산주의에 극도의 혐오감을 가진 사람들이 있었고, 그들이 조직한 단체가 서북청년회야.

서북청년회는 줄임말로 '서청'이라 불렸는데, 4·3의 강경진

강요배 〈미군정 경찰〉(1990) 종이에 펜과 먹_39x29cm
청산되어야 할 일제 경찰이 옷만 갈아입고 미군정 경찰로 행세했다.

압 과정에 깊숙이 개입했을 뿐만 아니라 4·3 발발 이전부터 제주도민의 감정을 자극하여 4·3 발발의 한 원인이 되었어. 이승만과 미군정은 극단적인 반공사상에 매몰된 서청에게 "제주도에 공산폭동이 발생했다. 그러니 당신들처럼 반공정신이 투철한 사람들이 가서 진압해야 한다"고 선동했어. 그래서 서청은 마구잡이로 제주도민들을 학살했고 그러한 범죄 행위가 마치 나라를 구하기 위한 것처럼 자신들을 합리화했어.

제주 사람들은 해방이 되자 자치적으로 제주도의 행정과 치안을 지켰고, 미군정이 실시된 후에도 새 나라 건설을 위해 열심히 일했어. 그러나 친일파가 친미파로 변신해 반성은커녕 여전히 활개를 쳤고, 대흉년과 콜레라로 생계와 목숨이 위협받았어. 거기에 서북청년회가 무차별 탄압하는 일까지 벌어지게 된 거야. 이런 상황에서 제주 사람들은 어떤 대응을 해야 했을까?

경찰 발포에 맞선 총파업

1947년 3월 1일은 한국현대사의 큰 비극인 4·3의 분수령이 되었던 날이야.

1947년 3월 1일, 제주북초등학교에는 발 디딜 틈 없이 많은 사람들이 모여들었어. 제28주년 3·1절 기념행사를 계기로 대대적인 시위를 벌이기 위해서였지. 제주도민들은 해방이 되어도 좋은 세상이 오지 못한 이유는 여전히 외세가 우리 민족의 운명을 쥐고 있기 때문이라고 판단했어. 그리고 미군정 경찰로 옷만 갈아입은 일제 경찰에 대한 반감도 컸지. 또한 북한과 남한을 각각 점령하고 있는 소련과 미국이라는 두 외세 때문에 자칫하면 우리나라가 남북으로 영원히 분단될 것 같다는 걱정도 컸던 거야.

기념대회가 끝나자 곧 일제 잔재의 청산과 통일독립을 요구하는 시위가 벌어졌어. 그런데 시위행렬이 관덕정 광장을 막 벗어날 무렵, 관덕정 앞 광장에서 기마경찰이 탄 말에 어린이가 치이는 사건이 일어났어. 기마경찰이 말발굽에 치인 어린이를 돌보지 않고 그냥 가 버리려 하자 화가 난 사람들이 야유를 하며 달려들었어. 일부 군중들은 돌멩이를 던지며 기마경찰을 쫓아갔어. 당황한 기마경찰은 군중들에게 쫓기며 경찰서 쪽으로 말을 몰았는데, 그 순간 총성이 울렸어. 경찰서에서 뿜어 나온 총격으로 민간인 6명이 숨지고, 8명이 중경상을 입었어. 초등학생, 아기를 안고 있던 젊은 여성, 농부 등에게 가해진 경찰의 총격은 그때까지만 해도 큰 소요가 없었던 제주 사회를 뒤흔들어 놓았어.

그런데 이 발포사건은 제주의 실정을 잘 몰랐던, 외지에서 파견 온 응원경찰에 의해 발생했어. 3·1절 발포사건이 있기 전

■ **강요배 〈3·1대시위〉**(1991) 종이에 콘테_59x150cm

에 이미 외지에서 100명의 응원경찰이 제주도에 들어와 있었어. 별다른 사건·사고가 없던 제주도에 왜 응원경찰이 들어오게 됐을까? 그건 제주도가 도 승격을 했기 때문이야. 그동안 전라남도 소속이었던 제주도가 1946년 8월 1일자로 도 승격을 하게 되니까 거기에 걸맞게 경찰력이 확대돼 외지에서 응원경찰이 들어오게 된 거지.

아무튼 제주도민들은 총을 쏜 경찰과 경찰 지휘부에게 책임을 묻고 희생자들에게 피해 보상해 줄 것을 요구했어. 당연한 요구라고 할 수 있지. 그런데도 미군정 경찰이 끝까지 자신들은 잘못한 것이 없다고 주장하자 도민들은 이에 항의하여 3월 10일부터 총파업을 시작했어.

제주도청 공무원들은 제주도 행정을 위한 일을 멈추었고, 교사와 학생들은 학교 가기를 거부했어. 시장도 문을 닫아 장사를 그만두었고, 작은 가게도 대부분 문을 닫아 버렸어. 제주도청을 비롯한 관공서, 학교, 심지어 제주 출신 경찰 66명도 파업에 동참했어. 제주도내 공공기관과 민간기업 95% 이상이 파업했는데, 166개 기관·단체에서 4만 1211명이 파업에 참여했어. 세계사적으로 유례없는 민·관 합동 총파업이었어.

당시 도지사였던 박경훈은 "발포사건이 일어난 것은 시위행렬이 경찰서 앞을 지난 다음이었던 것과 총탄의 피해자는 시위

군중이 아니고 관람군중이었던 것은 사실"이라며 당시 언론에 입장을 발표하면서 항의성 사표를 제출하기까지 해. 이에 앞서 3월 8일 미군정은 미군 대령을 책임자로 한 합동조사단을 급히 제주에 파견했는데, 제주에서 현지 조사를 하는 가운데 총파업이 일어났던 거였어.

그런데 미군정은 엉뚱하게도 3·1절 발포사건을 좌익의 배후 조정에 의한 폭동으로 몰아붙였어. 그리고 3·1절 발포사건에 대하여 항의하며 파업을 벌이고 있는 제주도민들을 마구잡이로 잡아들였어. 이로 인해 제주도 전역은 걷잡을 수 없는 소용돌이 속에 휩싸이게 되었어. 미군정 경찰은 제주도민의 의견을 듣고 문제를 해결할 방법을 찾은 게 아니라 일방적으로 억압함으로써 사태를 진정시키려 했던 거지.

"좌익 척결" 핑계로 무차별 연행과 고문

미군 조사단이 떠난 다음 날인 3월 14일, 미군정 경찰 총수 조병옥 경무부장이 제주에 왔어. 조병옥은 "제주도 사람들은 사상적으로 불온하다"며 뜬금없이 제주도를 '빨갱이 섬'이라고 했어. 조병옥이 제주에 온 이튿날에는 외지의 경찰이 대거 제주도로 들어왔어. 이북 출신으로 구성된 극우청년단체인 서북청년회 단원들도 함께 들어오게 돼.

강요배 〈발포〉(1991) 종이에 콘테_68x52.5cm
관람하던 시민들에게 총을 쏘는 경찰관. 발포사건을 계기로 대대적인 총파업이 일어났다.

이들은 제주도 전역에 삼엄한 경계망을 펴면서 빨갱이를 소탕한다는 미명 아래 주민들을 연행하고 고문하여 제주를 공포와 분노의 땅으로 몰고 갔어. 이 과정에서 한 달 만에 500여 명이 체포되고, 1948년 4·3무장봉기 직전까지 1년간 무려 2500명이 잡혀 갔어.

3·1절 발포사건과 총파업, 이어진 청년들에 대한 대량 검거 사태로 제주 사회는 혼돈 그 자체였어. 특히 3·1절 발포사건 직후 대거 제주도에 내려온 서북청년회는 한자로 '西北(서북)'이라고 쓰인 완장을 차고 다니며 자금 모금을 한다는 구실로 이승만의 사진 등을 주민들에게 강매하는 등 횡포를 부렸어. 1947년 말부터는 경찰과 행정기관, 교육계에 들어가는 서청단원들이 늘어났고, '좌익 척결'이란 이름 아래 서청에 의한 탄압이 곳곳에서 발생했어. 이러한 서청의 탄압은 도민들로 하여금 강한 반발을 불러일으켰어.

3) 4월 3일 무장봉기와 초토화작전

"탄압이면 항쟁이다" 무장봉기 발발

경찰이 1년가량 마구잡이로 청년들을 잡아들여 고문을 하다 보니, 마침내 사달이 났어. 1948년 3월에 중학생 등 3명이 고문을 받다가 사망하는 사건이 잇따라 벌어진 거야. 적법한 절차도 없이 사람들을 잡아다 잔인하게 고문을 하고 고문에 못 이겨 죽게 만들다니! 도민들의 분노는 극에 달했어. 이처럼 '탄압'이 그치지 않자 제주 사람들은 '항쟁'으로 맞섰어.

1948년 4월 3일 새벽 2시경, 중산간에 있는 오름 정상에 붉게 타오르는 봉화를 신호로 하여 350명의 무장대가 도내 24개 경찰지서 중 12개 지서와 경찰·서북청년회 숙소 등을 공격하는 무장봉기가 벌어졌어. 그들의 무기는 대부분 대나무 끝을 뾰족하게 깎아 만든 죽창이었어. 경찰지서를 습격한 350명가량의 청년들은 스스로를 '인민유격대' 또는 '인민자위대'라고 불렀고, 경찰 측에선 이들을 '폭도'라고 불렀어. '무장대'는 훗날 사람들이 가치중립적으로 붙인 이름이야. 진압하는 군인과 경찰은 '토벌대'라고 불렀어.

봉화가 타오른 곳인 '중산간'이 뭔지 간단히 설명해 줄게. 예로부터 제주 사람들은 한라산 깊은 곳까지 들어가 살지 않았어. 너무 춥고 물이 귀했기 때문이야. 주로 해변에 또는 바다와 한라산 사이의 중간지대에 마을을 형성해 살았어. 바닷가 주변에 있는 마을을 '해변마을' 또는 '해안마을'이라 부르고, 중간지대에 있는 마을을 '중산간 마을'이라고 해.

한편 4월 3일에 무장봉기가 벌어졌기 때문에 '4·3'이라고 불리는 거야. 이승만 독재정권을 무너뜨린 시위가 4월 19일 시작됐다고 해서 이 혁명을 '4·19혁명'이라고 하고, 쿠데타로 정권을 장악하려는 군부세력의 탄압에 맞서 광주시민들이 들고일어난 날이 5월 18일이기 때문에 '5·18민주화운동'이라고 하는 것과 마찬가지의 이름 붙이기야.

무장대는 봉기의 명분으로 크게 두 가지를 들었는데, 첫째는 경찰과 서북청년회 등 우익청년단의 탄압에 저항하겠다는 것이었어. 이는 "탄압이면 항쟁이다"라는 구호에 함축되어 있어. 둘째, 남한만의 단독선거와 단독정부에 반대해 조국의 통일독립을 이룩하겠다는 뜻을 밝혔어. 4·3무장봉기가 벌어진 때는 남한만의 단독선거인 5·10총선거(국회의원 선거)를 한 달가량 앞둔 시점이었어. 무장대는 경찰과 서북청년회의 탄압에 저항하고, 나라를 영구히 분단시키는 단독선거를 반대한다는 명분을 내세우며 무장봉기를 일으킨 거야.

점령지인 남한 지역에서 5·10총선거의 성공적 실시를 목표로 삼았던 미군정은 4·3무장봉기에 강도 높은 대응으로 맞섰어. 미군정은 경비대(군대) 병력을 증강하고 본토의 응원경찰 1700명과 서청 단원 500명을 제주로 보냈어. 그러나 응원경찰 등에 의한 무분별하고 강경한 진압작전은 민심을 더욱 자극했

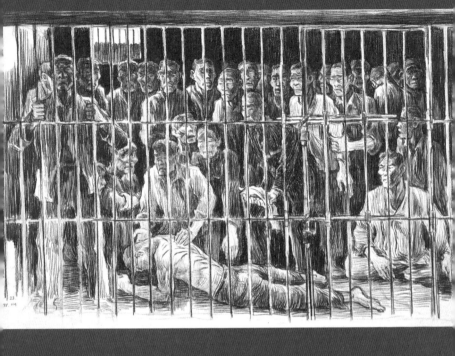

강요배 〈넘치는 유치장〉(1991) 종이에 콘테_60x97.7cm
빨갱이 소탕이라는 이유로 주민들을 무차별 연행해 고문하자 청년들이 1948년
4월 3일 무장봉기를 일으키며 항거했다.

고 진압은커녕 오히려 많은 도민들이 산으로 피신하는 결과를 낳았어.

이쯤에서 '5·10선거는 전국적인 일인데, 왜 제주도에서만 이에 반대하는 무장봉기가 벌어졌을까?'라는 의문이 들 거야. 그런데 5·10선거를 둘러싼 갈등과 충돌은 제주뿐만 아니라 남한 곳곳에서 일어났어. 1948년 4월 2일자 미군 정보보고서에는 5·10선거와 관련된 유혈충돌에 대한 내용이 기록돼 있어. 이 미군 정보보고서가 작성된 '1948년 4월 2일'은 어떤 날일까? 공교롭게도 4·3무장봉기가 벌어지기 하루 전날이지. 그러니까 제주도에서는 아직 한 건의 유혈사태도 없었던 때야. 보고서에는 1948년 2월과 3월에, 즉 4·3무장봉기가 발발하기 이전에 이미 전국 각지에서 경찰지서를 습격하는 사건이 239건이나 벌어졌고 이 과정에서 경찰이 53명이나 사망했다는 내용이 기록돼 있어. 이 보고서가 말해 주는 것은 무엇일까? 그건 바로 5·10선거를 둘러싼 갈등과 충돌은 제주도에서만 벌어진 것이 아니라 남한 곳곳에서 발생한 보편적인 흐름이었다는 거야.

그리고 5·10총선거에 대해 한국민주당(한민당)을 제외하고는 대부분의 정당들이 반대했어. 단독선거에 가장 반대했던 정치인은 바로 너희들도 잘 알고 있는 김구 선생이야. 김구 선생은 "나는 통일된 조국을 건설하려다가 38선을 베고 쓰러질지

언정 일신에 구차한 안일을 취하여 단독정부를 세우는 데는 협력하지 아니하겠다"는 유명한 말을 했지. 남한만의 단독선거인 5·10총선거를 실시하고 남한만의 단독정부가 수립되면 통일은커녕 남북분단이 더욱 굳어져 결국 우리 민족끼리 전쟁이 벌어질 것이라고 생각했기 때문이야. 이러한 걱정은 2년 후 남북간에 6·25전쟁이 벌어짐으로써 현실로 나타났지.

평화협상 주도한 연대장 전격 해임

무장봉기 초기에 무장대는 경찰과 서청만을 대상으로 했지 경비대를 공격하지 않았어. 제주도 주둔 경비대 제9연대 연대장인 김익렬 중령도 처음에는 사건에 개입하지 않았어. 군대는 외적의 침략을 막는 안보기관이지 국내의 치안문제에 관여하는 기관이 아니기 때문이기도 하지만, 김익렬 연대장은 제주도민에 대한 경찰과 서청의 탄압이 무장봉기의 원인이라고 보았기 때문이야.

그런데 미군정은 무장봉기가 벌어진 지 한 달가량 지난 후인 1948년 4월 말쯤에 이르자 제9연대에 4·3사건 진압 명령을 내렸어. 그래서 군대도 진압작전에 나설 수밖에 없는 처지에 놓였는데, 김익렬 연대장은 강경진압보다는 사태를 평화적으로 해결하려고 노력했어. 김익렬 연대장은 미군정의 지시를 받자

4월 28일에 무장대 측과 평화협상에 나섰어. 김익렬 연대장과 김달삼(본명 이승진) 무장대 사령관은 치열한 논쟁 끝에 극적으로 협상을 마무리했어. 즉 ① 72시간 내에 전투를 중지하되 산발적으로 충돌이 있으면 연락 미달로 간주하고, 5일 이후의 전투는 배신행위로 본다. ② 무장해제는 점차적으로 하되 약속을 위반하면 즉각 전투를 재개한다. ③ 무장해제와 하산이 원만히 이뤄지면 주모자의 신병을 보장한다.

만약 이 합의가 그대로 지켜지기만 했어도 이후 벌어진 초토화작전과 같은 참혹한 비극은 없었을 거야. 그러나 협상이 타결된 지 나흘째 되던 날인 5월 1일, 제주읍 오라리 연미마을에 정체를 알 수 없는 청년들이 몰려와 몇몇 집에 불을 지르고 난동을 피우는 일이 일어나 평화협상이 깨지게 되었어. 이 사건에 대해 경찰은 '폭도들(무장대)의 행위'라 했고, 무장대는 '경찰이 극우청년단을 시켜서 한 행위'라고 주장했어. 이 사건은 평화협상에 따라 약속된 '휴전' 기간에 발생한 점, 그리고 방화사건을 일으킨 정체가 누구냐는 의문이 겹치면서 그 파장이 증폭되었지.

방화사건이 우익청년단원에 의해 저질러졌다는 주장은 무장대에 의해서만 나온 것이 아니었어. 김익렬 연대장은 처음에는 무장대가 자신과 한 약속을 깼다고 분개했지만, 직접 현장

조사를 한 결과 방화사건이 우익청년단인 대동청년단에 의해 자행됐다는 사실을 알게 됐어. 그래서 이 사건의 진상을 미군정에 보고했고 방화자인 대동청년단원을 구금했어. 하지만 미군정은 김익렬 연대장의 의견을 묵살하고 '방화는 폭도들의 소행'이라는 경찰의 주장만 수용했어.

또 이상한 것은 오라리 방화사건 현장이 미군에 의해 동영상으로 촬영됐는데, 방화가 마치 무장대가 저지른 것처럼 조작되어 편집됐다는 점이야. 불타는 오라리의 모습이 비행기에서 공중 촬영됐고, 지상에서는 오라리 마을로 진입하는 토벌대의 출동 모습이 촬영되기도 했어.

아무튼 '오라리 방화사건'으로 평화협상은 깨졌는데, 이후 미군정은 어떤 노선을 택했을까? 오라리 방화사건은 미군정이 평화적 해결 대신 강경한 토벌작전을 벌여 사건을 조속히 마무리 짓겠다는 의지를 드러낸 사건이었어. 5·10총선거가 불과 닷새밖에 남지 않았기 때문에 조급한 마음이 컸던 거지. 미군정은 제주도민의 희생을 막기 위해 평화협상을 주도한 김익렬 연대장을 5월 6일에 전격 해임하고, 후임 연대장에는 자신들의 명령을 충실히 수행할 박진경을 임명했어.

"원인에는 흥미 없다. 나의 사명은 오직 진압뿐"

결국 1948년 5월 10일 남한의 국회의원을 뽑는 이른바 '5·10총선거'가 치러지게 돼. 대한민국 정부 수립을 위해 우선 헌법을 제정할 국회의원 선거를 했던 거야. 제주도에서는 4·3으로 인해 5월 10일 선거가 제대로 진행되지 않았어. 세 명의 국회의원을 뽑아야 하는데, 단지 한 명만 선출되고 나머지 두 개의 선거구에서는 유권자의 과반수 이상이 투표를 거부하는 바람에 선거가 무효화 됐어. 이로써 제주도는 5·10단독선거를 거부한 유일한 지역으로 역사에 남게 되었어.

제주도 2개 선거구의 무효화는 제2차 세계대전 이후 미국이 남한에서 추진해 왔던 점령정책이 실패한 상징이 되었어. 그러자 화가 난 미군정은 4·3을 조속히 진압하고 재선거를 성공적으로 치르기 위해 브라운 대령을 제주지구 미군사령관으로 파견해 무모한 강경작전을 진두지휘하도록 했어.

이 무렵 4·3을 취재하기 위해 제주에 파견돼 온 한 기자는 토벌대가 남녀노소 가리지 않고 끌고 가는 모습을 본 후 '원인 없는 결과는 있을 수 없다. 그 원인을 해소하지 않은 채 강경진압을 하는 건 해결책이 될 수 없다'는 내용의 글을 잡지에 실었어. 즉 경찰과 서청의 무분별한 탄압이 원인이 되어 무장봉기가 발생한 것이기 때문에 그들이 더 이상 제주도민들을 괴롭히

지 못하도록 해야 비로소 사건이 수습될 수 있을 거라는 뜻이
지. 그래서 그 기자는 미군사령관인 브라운 대령을 인터뷰하면
서 이와 같은 자신의 의견을 밝혔어. 그러나 브라운 대령은 기
자에게 "원인에는 흥미 없다. 나의 사명은 진압뿐"이라고 강조
하면서 강경진압 작전을 벌였어.

평화적으로 사건을 수습하려고 노력하다가 해임된 김익렬
연대장의 후임자로 제주에 온 박진경은 미군정의 명령대로 제
주도민을 무차별하게 체포하거나 총살하는 작전을 수행했어.
그러나 박진경 연대장은 무분별한 작전에 불만을 품은 부하들
에게 결국 암살됐어. 여기까지는 미군정 시기에 벌어진 일이야.

무차별 학살극 '초토화작전' 감행

박진경 연대장이 암살당한 후 송요찬이라는 사람이 부연대
장으로 제주에 왔는데, 곧 연대장이 되었어. 그는 제주도민에게
가장 큰 피해를 준 장본인이야. 그는 대한민국 정부 수립 두 달
쯤 후인 1948년 10월 17일 포고문을 통해 "해안선부터 5km 이
외 지점 및 산악지대의 무허가 통행금지를 포고함. 만일 이 포
고에 위반하는 자에 대하여서는 그 이유 여하를 불구하고 폭도
배로 인정하여 총살에 처할 것"이라고 했어.

그런데 '해안선으로부터 5km 이외의 지점'은 사람이 살지

않는 한라산의 밀림지대가 아니라 대부분의 중산간 마을이 위치한 곳이야. 앞에서 말했듯이 '중산간 마을'이란 한라산과 해안가 사이의 중간 지대에 위치한 마을이야. 중산간 마을에서 주민들이 보이면 무조건 총살하겠다는 무지막지한 명령을 내린 거야.

이어 한 달 후인 11월 17일 이승만 대통령은 제주도에 계엄령을 선포했어. 이 무렵부터 군인들은 중산간 마을을 모두 불태웠어. 불타는 집에서 간신히 빠져나와 들녘으로 피신한 사람들도 군인들의 눈에 띄면 무조건 총살당했어. 이때는 70~80대 노인뿐만 아니라 심지어 젖먹이들도 죽임을 당했어. 만일 '지옥'이란 게 있다면, 그 지옥이 이보다 더 심하진 않았을 거야. 이런 무자비한 학살극을 이른바 '초토화작전'이라고 해.

당시 8살이었던 내 어머니가 살던 마을도 예외가 아니었어. 어머니 고향도 중산간 마을이었거든. 비무장 민간인에게 무차별 총격을 가하는 행위는 전쟁 때에도 해서는 안 될 범죄야. 그런데 전쟁 지역도 아닌 곳에서 이처럼 무자비한 학살이 한동안 계속되었던 거야. 이로 인해 중산간 마을은 대부분 파괴되었어. 마을 전체가 잿더미가 된 거지.

희생자의 90% 정도가 군·경 토벌대에 의해 희생됐는데, 이들 대부분이 초토화작전 기간에 죽임을 당했어. 노약자의 희생

강요배 〈**한라산 자락 사람들**〉(1992) 캔버스에 아크릴_112x193.7cm
제주도민들은 5·10단독선거를 거부하며, 선거 며칠 전부터 한라산 자락으로 피신했다.

이 전체 희생자의 33%를 차지해. 한편, 이 무렵 토벌대의 강경 진압으로 위기에 몰린 무장대는 자신들에게 협조하지 않고 토벌대의 편을 든다고 판단한 일부 마을들을 습격하여 학살을 저지르기도 했는데, 구좌읍 세화리, 남원면 남원리와 위미리가 대표적인 마을이야.

4) 6·25전쟁 이후까지 7년 7개월 지속

6·25전쟁 벌어지자 또다시 학살극

1948년 11월 중순께부터 약 4개월 동안 계속된 '초토화작전' 때, 많은 사람들이 목숨을 구하기 위해 한라산 깊은 곳까지 피신했어. 그 겨울엔 너무너무 추웠어. 너희들은 겨울에 어떤 옷을 입니? 난 추운 날엔 따뜻한 패딩을 입어. 아마 너희들도 그럴 거야. 하지만 당시엔 그런 게 없었어. 얇은 무명옷만 간신히 걸쳤고, 짚신은 다 해져서 맨발로 지내야 했어. 얼마나 춥고 배고팠을까? 결국 추위에 견디지 못해 얼어 죽거나 먹을 것이 없어 굶어 죽기도 했어.

1949년 3월경 무장대 세력이 약화돼 거의 궤멸상태에 이르자, 토벌대는 비행기를 타고 제주도 전역을 돌면서 '산에서 내려오면 살려 준다'는 내용의 전단지를 뿌렸어. 처음엔 믿을 수가 없어서 산에서 내려가지 않던 사람들이 '예전처럼 무조건 죽이진 않는다더라'는 소문이 퍼지자 하나둘씩 내려왔어. 물론 토벌대는 산에서 내려온 사람들을 그냥 집으로 돌려보내진 않았어. 제주도에서 가장 큰 공장인 주정공장의 창고에 가뒀다가 노인과 어린이들은 풀어 줬지만 젊은이들은 여성들까지 전국 각지의 형무소로 보냈지. 정상적인 재판 절차도 없이 형무소로 보내 감금시킨 거야. 이들 대부분은 6·25전쟁 직후 이승만 정권에 의해 학살됐어. 최근 제주도에서는 이들에 대한 재심 재판이 진행되고 있는데, 대부분 무죄 판결을 받고 있어.

아무튼, 이 무렵이 되면 4·3이 진정 국면에 접어들어. 왜냐하면 무장봉기에 앞장섰던 사람들이 거의 목숨을 잃었기 때문이야. 토벌대도 더 이상 마구잡이로 총질하진 않았어. 그래서 살아남은 사람들은 '이제 더 이상 희생은 없겠지!'라고 안심하면서 초토화작전으로 무너져 버린 삶을 회복하기 위해 갖은 애를 썼어.

얼마나 힘들었을까? 마을 전체가 불에 타 집이 잿더미가 됐으니 살림살이에 필수적인 도구들도 당연히 남아 있지 않았겠지? 사람들은 우선 비바람 피할 집부터 지었어. 집이라기보다는 초라한 움막이지. 작은 방 하나 넓이만큼 어른 앉은키 정도의 높이로 돌을 쌓고, 그 위에 나뭇가지를 얼기설기 걸쳐 대충 지붕틀을 만든 후 그 위를 짚으로 덮은 게 움막의 모습이야. 직육면체의 벽돌이 아니라 울퉁불퉁한 돌로 쌓았기 때문에 돌 틈 사이로 찬바람이 들어왔고 비가 오는 날엔 비바람이 들이쳐 바닥이 흥건하게 젖는 조악한 움막이지만, 언젠가는 제대로 집을 지어 행복하게 살겠다는 꿈을 꾸며 힘겨운 나날들을 견뎠어. 식량이 있어야 살 수 있으니 농사도 열심히 지었지.

그러나 세상은 소박한 일상조차 허용하지 않았어. 1950년 6·25전쟁이 벌어졌기 때문이야. 내무부 치안국장은 각 지역의 경찰국장에게 〈전국 요시찰인 단속 및 전국형무소 경계의 건〉이라는 공문을 보내 '국민보도연맹 가입자' 및 '요시찰인'에 대해 예비검속하라고 지시했어. 제주도경찰국은 내무부 치안국의 명령에 따라 각 경찰서마다 예비검속을 했어. 당시 제주도에는 4개 경찰서가 있었어. 즉 제주·서귀포·성산포·모슬포 경찰서가 있었는데 경찰서마다 수백 명씩 감금되는 사태가 벌어진 거야.

'예비검속'이란 아직 어떤 범죄를 저지르지 않았음에도 그럴 가능성이 있다는 자의적인 판단만으로 사람들을 구금하는 것이야. 이게 말이 된다고 생각하니? 네가 어떤 잘못도 하지 않았는데, 네가 잘못할 가능성이 있다고 누군가가 멋대로 판단해 너를 붙잡아 가둔다면 너는 받아들일 수 있겠니?

일제강점기에는 식민지 조선을 탄압하기 위해 그런 악법이 있었어. '예방구금법'이 그것이야. 이 법은 해방 직후인 1945년 10월 9일 미군정법령 제11호에 의해 폐지되었어. 그러나 이승만 정권은 6·25전쟁 발발 직후 불법적인 예비검속을 대대적으로 실시했어. 사람들을 일시적으로 감금하는 데 그치지 않고 학살했어.

제주도내 경찰서는 예비검속자들을 개인별로 심사해 A·B·C·D 등 네 등급으로 나눴는데, C급과 D급에 분류된 사람들이 총살당했어. 경찰이 불법으로 사법권을 행사한 거지. 즉, 경찰의 등급 분류가 예비검속자 집단학살에 직접적인 영향을 준 거야. 약 1천여 명으로 추산되는 예비검속자들이 군인들에 의해 총살된 후 암매장되거나 바다에 빠뜨림을 당해 죽었어. 6·25전쟁 직후 벌어진 예비검속으로 인해 제주도민들은 1948년 11월부터 약 4개월간 벌어진 초토화작전 시기의 큰 희생에 이어 또다시 집단학살 당하게 된 거야.

그런데 다른 3개의 경찰서에서는 각각 수백 명에 이르는 예비검속자들을 학살했지만, 성산포경찰서만은 예외였어. 성산포경찰서에서는 문형순 경찰서장이 미처 손을 쓰기 전에 벌어진 단 6명의 희생만 있었어. 당시 성산포경찰서 문형순 서장의 정의로운 판단에 따라 수백 명이 목숨을 구할 수 있었던 거야.

문형순 서장은 "제주도에 계엄령 실시 후 예비구속 중인 D급 및 C급 중에서 현재까지 총살 미집행자에 대해서는 귀 경찰서에서 총살집행 후 그 결과를 9월 6일까지 육군본부 정보국 제주지구 CIC(방첩대) 대장에게 보고하도록 의뢰할 것"이라는 계엄군의 명령서에 대하여 "부당(不當)하므로 불이행(不履行)"이라 직접 써서 돌려보냈어. 부당한 명령에 대해 거부하겠다는 뜻을 명백히 밝히며 예비검속된 사람들의 목숨을 구해 준거야.

전쟁이 벌어져 계엄령이 선포되면 군대가 입법·사법·행정권까지 장악하게 돼. 이런 엄혹한 상황에서 일개 경찰서장이 군대의 명령을 거부하는 행위는 목숨을 건 용단이었지. 문형순 서장이 용기 있는 결단을 내릴 수 있었던 힘은 무엇일까? 그리고 그의 용단이 우리에게 남긴 유산은 무엇일까? 이에 대해서는 4장에서 자세히 말해 줄게.

성산포경찰서 외에 다른 3개 경찰서에 예비검속된 사람들은 바다 한가운데서 빠져 죽거나, 총살된 후 암매장되었어.

형무소에 수감됐다가 희생된 나의 외할아버지

6·25전쟁 직후 제주도에서 '예비검속자 학살'이 자행되던

바로 그때, 제주도 밖에서는 전국 각지의 형무소에 감금돼 있던 제주도민 수천 명이 이승만 정권에 의해 불법적으로 총살당하는 비극이 벌어졌어.

4·3 때 제주도에서는 정상적인 재판 절차도 거치지 않은 엉터리 군사재판이 두 차례나 있었어. 앞에서 잠깐 소개했던 것처럼, 토벌대는 초토화작전 때 한라산으로 피신했던 사람들에게 1949년 봄에 "산에서 내려오면 살려 준다"는 전단지를 뿌려 산에서 내려오게 한 후 감금해 뒀던 젊은이들을 1949년 6~7월에 형무소로 보냈어. 이들에겐 단 한 명의 예외도 없이 이적죄와 간첩죄 혐의를 씌웠어. 이적죄란 적을 이롭게 했다는 말이야.

그런데 이러한 엉터리 군사재판은 그 이전에 한 번 더 있었어. 토벌대는 1948년 여름에서 가을 사이에 멀쩡히 밭에서 일하던 젊은이들을 무조건 군 주둔지로 끌고 가 가뒀다가 그해 12월에 형무소로 보낸 거야. 이들에겐 모두 내란죄 혐의를 씌웠어. 두 번의 군사재판의 결과로 전국의 형무소에 수감된 제주도 사람이 무려 2530명이나 돼.

이승만 정권은 무고한 사람들에게 '내란죄', '이적죄', '간첩죄'라는 어마어마한 죄를 뒤집어씌운 것도 모자라 이들을 6·25전쟁이 벌어진 직후 학살했어. 7년형이든, 15년형이든 형량대로 수감 기간이 지난 후엔 풀어 줘야 할 거 아냐? 무기징역형을 받은 사람도 죽여선 안 되지.

6·25전쟁 전에 이승만 정권은 북진통일을 하겠다며 큰소리를 쳤지. 그러나 막상 전쟁이 나자 불과 사흘 만에 서울이 북한군에게 함락당했어. 이승만 대통령은 도망칠 시간을 벌기 위해 한강 다리를 폭파했어. 그 바람에 서울에 있던 많은 사람들이 피난 가지도 못했어. 한강 다리를 폭파했지만 북한군의 진격 속도를 늦추진 못했어. 그러자 이승만 대통령은 거의 공황 상태에 빠진 나머지 형무소 수감자들과 '좌익'이라고 낙인찍어 관리해 오던 사람들을 집단 학살했어.

어머니의 아버지, 그러니까 나의 외할아버지도 서울의 마포 형무소에 수감되어 있다가 6·25전쟁 때 희생됐어. 제주도 밖에서 희생됐으니 시신조차 수습하지 못했지. 우리 외할아버지처럼 형무소로 끌려간 후 소식이 끊긴 사람들을 '행방불명인' 또는 '수형인'이라고 불러. 어머니는 겨우 8살 때 외할아버지와 헤어진 뒤 지금까지 한 번도 만나지 못했어. 그때부터 '아빠 없는 삶'을 살아오신 거야.

6·25전쟁 후에도 4·3은 끝나지 않았어. 1954년 9월 21일 한라산 통행금지령이 해제될 때까지 계속된 거야. 이때는 1947년 3·1절 발포사건이 발생한 지 7년 7개월이 지난 후야. 우리

역사에서 이토록 오랜 기간 동안 계속된 사건은 유례를 찾기 어려워.

청소년기에 찾아 나선 4·3의 궁금증

내가 고등학교 1학년 때 외할아버지에 대한 이야기를 들은 후부터 조금씩이나마 꾸준히 4·3을 공부했지만, 내 궁금증이 사라지진 않았어. 4·3의 역사를 알고 나서부터는 당시 희생된 수많은 사람들과 그 가족들의 삶에 대한 궁금증이 점점 더 커져 갔어. 왜 그토록 많은 사람들이 희생됐을까? 초토화작전으로 마을이 깡그리 불타고 부모가 희생되는 바람에 홀로 남은 어린아이들이 어떻게 고사리같이 여린 손으로 다시 집을 짓고 제주공동체를 복원해 냈을까?

또한 문형순 성산포경찰서장처럼 광풍 속에서도 타인의 입장에서 생각하고, 판단하고, 행동함으로써 많은 생명을 억울한 죽음에서 구해 낸 분들이 있었어. 정의로운 용기를 발휘했던 그 힘은 무엇이었을까? 또한 4·3 당시 제주도민들이 간절히 염원했던 것은 무엇일까? 그 간절한 바람은 지금 얼마나 실현되었을까? 그 질문들에 대한 답을 찾으러 2장을 열어 보자.

2장

동백꽃처럼 떨어진 이름들

사진 고현주 〈무등이왓 – 빼앗긴 마을〉

네가 어떤 지역에 가더라도 그곳에는 저마다 사랑하는 가족이 있고, 제각각 사연이 다른 사람들이 살고 있겠지? 그런데 별로 넓지 않은 그곳에 3만 명이 살고 있다고 생각해 봐. 아주 많은 사람이라고 느껴질 거야.

4·3 당시 학살된 제주도민은 약 3만 명이나 돼. 앞에서 4·3이 3만 개의 사건이라고 말한 이유야. 그런데 조금만 더 생각해 보면, '제주에서 3만 명이 희생됐다'라는 문장에는 '참으로 많은 사람이 희생됐구나!'라는 막연한 감정보다 더 큰 의미가 담겨 있어. 만일 천만 명, 또는 수백만 명이 살고 있는 서울 등 대도시에서 3만 명이 희생되어도 엄청난 일인데, 인구와 희생자

숫자를 비교해 보면 제주에서 얼마나 큰 참상이 벌어졌는지 더욱 가슴에 와닿을 거야. 왜냐하면 당시 제주도 인구는 30만 명이 채 되지 않았거든. 인구의 10분의 1이 희생된 거야. 그러니 사랑하는 가족과 친척, 지인과 친구가 그 숫자 속에 포함돼 있겠지.

희생자 대부분이 비무장 민간인이었어. 자신이 왜 죽는지도 모른 채 희생됐어. 동백꽃처럼 떨어진 그들 대부분이 국가 공권력에 의해 희생됐어. 민간인 학살은 미군이 우리 땅을 점령하고 있던 미군정 시기부터 시작됐는데, 대한민국 정부 수립 직후인 1948년 11월 이른바 '초토화작전' 때 절정을 이루었어. 지금으로선 상상도 할 수 없는 무차별 학살극이 벌어진 거야.

여기 세 편의 작품이 있어. 모두 1948년 말에서 1949년 초까지 이어진 겨울에 일어난 민간인 대학살 장면을 다루고 있어. 첫 번째 작품은 오멸 감독이 만들어 2013년에 개봉한 영화 〈지슬〉이야. 군·경 토벌대가 남녀노소 가리지 않고 닥치는 대로 총격을 가하니까 주민들은 급히 피할 수밖에 없었어. 주민 120여 명이 두 달가량 숨어 지낸 '큰넓궤'라는 작은 굴이 배경이야.

두 번째 작품은 1978년에 발표된 현기영 작가의 소설 〈순이 삼촌〉이야. 1948년 음력 12월 19일, 양력으로는 1949년 1월 17일에 벌어진 '북촌리 대학살'을 처음으로 세상에 알린 소설

강요배 〈동백꽃 지다〉(1991) 캔버스에 아크릴_130.6x162.1cm

로 유명하지.

세 번째 작품은 임철우 작가의 《돌담에 속삭이는》(2019)이라는 소설이야. 학교에서 퇴직한 '한'이라는 주인공이 조용히 살고 싶어 제주도로 이주한 후 어린 희생자 몽구, 몽희, 몽선의 영혼을 만나면서 펼쳐지는 이야기야. 한과 세 남매가 긴 시간의 강을 건너 어떻게 만나게 되었는지 소설은 돌담 위에서 속삭이듯 우리에게 전해 주고 있어.

1) 감자 나눠 먹던 사람들: 영화 〈지슬〉 속으로

1948년 10월 17일, 제주 주둔 제9연대 송요찬 연대장이 "해안선에서 5km 이상 떨어진 지역을 통행하는 자는 이유 여하를 불구하고 총살하겠다"는 포고령을 선포했어. 앞에서도 말했듯이 제주도에서 '해안선으로부터 5km 이상 떨어진 곳'은 아무도 살지 않는 깊은 산속의 밀림지대가 아니야. 그곳은 사람들이 옹기종기 모여 사는 중산간 마을이야. 그럼에도 마을에서 사람이 보이면 그 이유를 따지지 않고 무조건 총살하겠다는 거야. 또한 포고령은 중산간 마을 주민들에게 제대로 전달되지도 않았어. 한 달 후인 11월 17일에는 계엄령까지 선포됐어.

포고문

군은 한라산 일대에 잠복하여 천인공노할 만행을 감행하는 매국 극렬분자를 소탕하기 위하여 10월 20일 이후 군 행동 종료기간 중 전도 해안선부터 5㎞ 이외 지점 및 산악지대의 무허가 통행금지를 포고함. 만일 차(此) 포고에 위반하는 자에 대하여서는 그 이유 여하를 불구하고 폭도배로 인정하여 총살에 처할 것임.

1948년 10월 17일

제9연대장 송요찬

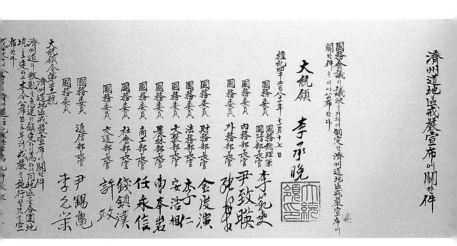

1948년 11월 17일자 계엄령 선포 문서.

이때부터 군·경 토벌대는 초토화작전을 전개했고, 제주도 전역에서 참혹한 인명 피해가 발생했어. 영화 〈지슬〉은 바로 이때의 모습을 카메라 앵글에 담았어.

중산간 마을에 살던 무동이네 집도 토벌대를 피해 짐을 쌌어. 마을 분위기가 점차 악화되니까 피난길에 오른 거야. 그런데 늙은 어머니는 일제강점기 때에도 멀쩡히 살아 왔다면서 한사코 일어나지 않았어. 그러고는 집 떠나는 무동이 부부에게 '지슬'을 챙겨 주셨어. 제주도에서는 감자를 지슬이라고 해. 몸이 불편한 어머니는 어린 손자를 데리고 피난하는 아들 부부에게 행여나 부담을 주지 않을까 걱정했던 거야. 짐이 되는 자기 대신에 힘이 되는 감자를 챙겨 준 어머니의 사랑이었지.

무동이는 어쩔 수 없이 일단 어머니를 집에 남긴 채 마을 사람들과 함께 '큰넓궤'라는 굴속에 숨었지만, 어머니가 못내 걱정돼 굴로 모셔 오려고 몰래 집으로 다시 갔어. 그런데 무동이 눈에 들어온 건 불에 타 새카맣게 변해 버린 집과 주검이 된 어머니였어. 기가 막혔지. 어머니 품에는 잘 익은 지슬이 있었어. 아마도 어머니는 언제 집에 들를지 모를 아들을 위해 지슬을 안고 있었던 걸 거야.

어머니의 주검 앞에서 한바탕 울음을 토해 낸 무동이는 어머니의 유품과 다름없는 지슬을 챙겨 들고 큰넓궤로 돌아왔어.

까닭을 모르는 마을 사람들은 무동이에게 어머니의 안부를 묻지만, 무동이는 아무 말도 하지 않은 채 집에서 가져온 지슬을 내놓았어. 마을 사람들은 마치 제사상에 올렸던 음식을 '음복' 하듯이 지슬을 나눠 먹으며 허기를 달랬어.

무동이와 마을 주민들이 왜 집을 떠나 큰넓궤라는 동굴에 숨어야만 했는지, 그 굴에서 어떻게 살았는지, 그 캄캄한 굴속으로 함께 들어가 보자.

"해안에서 5km 이외 지역에선 이유 묻지 않고 총살!"

영화의 배경은 제주시 안덕면 동광리라는 마을이야. 동광리는 제주 지역의 전형적인 중산간 마을로 4·3 당시에는 '무등이왓', '삼밧구석', '조수궤', '간장'이라 불리는 네 개의 자연마을로 구성돼 있었어. 이 중 무등이왓은 동광리에서 가장 큰 마을로 약 80가구가 살았어. 마을의 모양이 '춤을 추는 어린이'를 닮았다고 하여 한자어로 '무동동(舞童洞)'이라고도 불렸어.

1948년 4월 3일 무장봉기가 벌어진 뒤 무장대와 토벌대 간에 간헐적인 충돌이 있었지만, 동광리에서는 한동안 큰 사건이 벌어지지 않았어. 동광리 주민 학살 사건은 포고령이 발포된 지 한 달가량 지났을 무렵인 11월 15일에 시작됐어. 앞서 말했듯이 '해안선에서 5km 이상 떨어진 곳에서 사람이 보이면 무조건 총살하겠다'는 포고령은 며칠 후 서울 지역의 신문에만 작게 보도됐을 뿐, 제주도 중산간 마을 주민들에게는 전달되지도 않았어. '무조건 총살하겠다'는 군의 발표 내용을 알았다면 진작에 피신했겠지.

아무튼 11월 15일 새벽, 무등이왓을 포위한 군 토벌대는 "연설을 하겠다"며 주민들을 마을 중심지에 집결시켰어. 젊은이들은 이미 피신했기 때문에 모인 사람 대부분은 노인과 부녀자였어. 그런데 군인들은 주민들이 모이자마자 다짜고짜 무자비한 폭행을 하다가 50~60대 어른 등 10여 명을 총살했어. 희생자 중에는 현직 경찰의 아버지까지 포함돼 있어서 주민들이 받은 충격은 더욱 컸어. 경찰의 아버지를 죽였다는 것은 주민들의 신원을 따지지 않고 무조건 죽인다는 뜻이기 때문이지.

'무등이왓 학살 사건'으로 불리는 이날의 사건 이후, 주민들은 더 이상 마을에 머물 수가 없었어. 처음엔 마을이 훤히 내려다보이는 곳에 '망'을 세워 군인들이 마을로 진입하면 망을 보는 사람의 신호에 따라 급히 몸을 피했어. 이조차 쉽지 않게 되자 낮에는 마을을 벗어나 숨어 지내다가 밤에 다시 집으로 되돌아오는 생활을 반복했어. 그러나 토벌대의 대대적인 수색작전에 걸려 총살당하는 일이 잦아지자 주민들은 더욱 안전한 곳을 찾아 마을에서 2~3km 떨어진 굴속으로 숨어들었는데, 그

곳이 바로 '큰넓궤'라는 굴이야.

한 줄기 빛도 없는 칠흑 같은 굴 '큰넓궤'

'궤'란 자그마한 용암 동굴을 뜻하는 제주말인데, 궤치고는 비교적 크고 넓었기 때문에 주민들은 그곳을 '큰넓궤'라고 불렀어. 약 180m 길이의 굴인데 입구가 매우 좁아 한 사람씩 뒷걸음질해야 겨우 진입할 수 있어.

굴 초입에서 10m가량 기어가다 보면 4~5m 높이의 절벽이 나와. 이 절벽을 조심스레 내려가면 작은 집 크기 정도의 공간이 나오는데, 굴은 곧 두 갈래로 갈라져. 한쪽은 당시 화장실로 이용했던 작은 굴이고, 다른 한쪽은 주민들이 생활했던 큰 굴이야. 이처럼 굴 입구가 매우 좁고 한 줄기 빛도 없어 정말이지 아무것도 보이지 않는 칠흑같이 어두운 곳이지만 비교적 넓은 공간이 있어 숨어 살기엔 적합했어. 굴속에는 지금도 깨진 항아리 파편 등 피난 생활의 흔적과 토벌대의 총격을 막기 위해 돌로 쌓아 만든 방어벽이 있어.

굴속에서의 은신 생활은 두 달 정도였어. 가장 사람이 많이 머물렀을 때에는 120명가량이 살았다고 해. 주민들은 상황이 좋아지기만을 손꼽아 기다리며 하루하루를 견뎠어. 굴 안에서 밥을 지으면 연기 때문에 발각될 수 있어서 가족 대표가 밖으로 나가 밥을 해 오는 방법을 택했어. 며칠에 한 번씩 인근의 다른 작은 굴로 가서 밥을 지어 채롱에 담아 와 굶주림을 면했던 거야. 너무 목이 마르면 곡식 줄기인 짚을 빨대로 활용해 굴 바닥 오목한 곳에 고인 물을 빨아 먹으며 갈증을 달랬어. 하지만 그 정도로는 우리 몸에 필수적인 수분을 채울 수가 없었지. 그래서 굴 밖으로 나가 주변의 웅덩이에 있는 물을 먹었어. 소나 말에게나 먹이던 물을 항아리에 길어 와 마시며 견딘 거지. 굴이 발각되면 큰일 나니까 밖에서 다닐 때는 발자국이 남지 않도록 돌을 밟고 걷거나, 마른 나뭇잎이나 고사리를 꺾어다가 발 디뎠던 곳에 놓았어.

영화 〈지슬〉은 마을 사람들이 큰넓궤에 숨어 견뎌 왔던 힘겨운 나날을 보여 주고 있어. 그런데 처음 큰넓궤를 찾아 들어갔을 때만 해도, 주민들은 며칠만 지나 상황이 잠잠해지면 곧 집으로 돌아갈 수 있을 거라고 생각했대. 희망을 잃지 않았고 종종 농담도 주고받을 정도로 그 상황을 대수롭지 않게 여겼어. 홀로 집에 남아 계신 어머니를 모시러 위험천만한 길을 되밟아 집에 갔다 왔던 무동이처럼, 원식이는 종일 굶고 있을 돼지가 걱정돼 돼지 먹이를 주러 밖으로 나가려 했고, 만철이는 연정을 품고 있던 순덕이를 데려오기 위해 마을로 내려갔어.

하지만 최적의 은신처였던 큰넓궤도 결국 토벌대에게 발각

큰넓궤 ©김기삼

되고 말았어. 군인들은 잠시 굴 밖에 나와 있던 한 사람을 붙잡고는 "사람들이 숨어 있는 곳을 알려 주면 살려 주겠다"고 회유했어. 그 사람은 큰넓궤를 안내하는 척하다 급히 굴 안으로 도망쳐 들어갔지. 군인들은 곧장 큰넓궤로 진입을 시도했지만 일렬로 한 명씩만 겨우 들어갈 정도로 굴 입구가 좁고 굴의 형태를 알 수 없어서 굴속의 절벽 너머까지 쉽게 들어갈 수 없었어.

가운데 우뚝 서 있는 것이 한라산이다. 한라산 기슭에 많은 오름들이 솟아 있다.
ⓒ김기삼

대치 상태가 계속되자 굴속에 있던 주민들은 군인들이 더 이상 들어오지 못하도록 고춧가루와 이불을 태워 그 연기를 절벽 위로 날려 보냈어. 군인들은 매운 연기에 숨이 막혀 더 이상 굴속으로 들어가지 못하게 되자 큰 바위로 굴 입구를 막아 버린 후 일단 철수했어. 군인들이 물러간 후 다행히 인근 오름에서 망을 보던 청년들이 내려와 바위를 치워 준 덕분에 큰넓궤 안에 숨어 살던 사람들이 굴에서 빠져나올 수 있었어.

하지만 한번 발각된 굴에 더 이상 숨어 지낼 수는 없었지. 주민들은 살을 에는 듯이 추운 겨울에 맨발로 눈밭을 헤치며 밤새워 한라산 깊숙한 곳까지 피신했어. 그러나 눈 위에 새겨진 발자국 때문에 곧 군인들에게 붙잡혔고, 1949년 1월경 서귀포 정방폭포 옆에서 총살된 뒤 바다에 던져지거나 주변에 방치됐어. 그 무렵은 유족들이 희생자의 시신을 수습조차 할 수 없던 시절이었어. 조상을 찾지 못한 유족들은 훗날 애석한 마음을 달래기 위해 영혼을 불러들이는 의식을 치르며 '헛묘'를 만들었어. 헛묘란 '시신 없는 무덤'을 말하는 거야.

극한상황에서도 희망을 잃지 않고 서로 도왔던 사람들

밥은 물론이고 물 한 모금 마시려 해도 죽을 각오를 하고 굴밖으로 나가야 했던 120여 명의 주민들이 어떻게 두 달이라는 기간을 버틸 수 있었냐고? 아마도 내일이면 아무 일 없었다는 듯이 집으로 돌아가 예전처럼 정겹게 웃으며 살 수 있을 거라는 희망을 잃지 않았던 것이 첫 번째 이유였을 거야. 주민들을 견디게 했던 두 번째 힘은 굴속에는 그 희망을 서로 나눌 수 있는 가족과 이웃이 있었기 때문일 거고.

이 글을 읽는 친구 중 누군가는 훗날 큰넓궤 안에 들어가는 경험을 하게 될지도 몰라. 가 보면 알게 될 거야. 굴 입구에서

▍ 안덕면 동광리에 있는 임문숙 씨 집안의 헛묘 군락. ⓒ한상희

넓은 공간이 나올 때까지 기어가야 하는 그 길이 얼마나 좁고 길고 어두운지. 중간에 포기하지 않고 당시 주민들이 머물렀던 곳까지 들어갔다면 거기에서 한 달은커녕 한 시간도 머물기 힘들다는 것을 느끼게 될 거야.

그곳엔 젖먹이 아기부터 80세 노인까지 있었어. 그들은 내 가족과 남의 가족을 구분하지 않고 갖고 있던 모든 것을 나누었어. 순덕이 어머니는 급하게 싸 온 삶은 지슬을 주변에 하나씩 나누어 주다 보니 나중엔 정작 자신은 먹을 것이 없게 됐지만 다른 이들에게 어서 먹으라 했고, 무동이는 어머니가 돌아가시기 전에 구워 놓았던 지슬을 제사음식 음복하듯 사람들과 한 입씩 나눠 먹었어. 서로 돕고 아껴 주던 제주도 공동체의 따뜻한 온기가 그 암흑세계를 버틸 수 있게 한 가장 큰 힘이 되었던 거야.

〈지슬〉은 제주섬의 아름다운 풍광에 오랫동안 가려져 왔던 슬픈 사연의 주인공들을 추모하고 위령하고 있어. 영화는 제기(祭器, 제사에 쓰는 그릇)가 어지럽게 넘어져 있는 장면으로 시작해. 제사상 위에 가지런히 놓여 있어야 할 제기들이 여기저기 쓰러져 뒹굴고 있는 장면은 4·3의 비극과 혼란을 암시하는 걸 거야.

영화의 구성은 제사의 절차를 따르고 있어. ①신위(神位, 영혼이 의지할 자리. 돌아가신 분의 사진이나 지방) ②신묘(神墓, 영혼이 머무는 곳)* ③음복(飮福, 제사에 쓴 음식을 나누어 먹는 일) ④소지(燒紙, 부정을 없애고 소원을 빌기 위해 지방을 태워 공중으로 올리는 일)라는 네 개의 독립적인 장면들이 제사의 순서대로 전개돼. '지방(紙榜)'이 뭔지 알지? 설날 차례상이나 제삿날 제사상 위에 붙여 놓은 종이를 본 적 있지? 돌아가신 분이 누구인지를 종이에 쓴 것을 지방이라고 해. 죽은 사람들 위로 지방이 한 장 한 장 타오르는 마지막 장면을 보노라면 이 영화가 억울한 영혼들을 위한 제사 또는 위령제임을 느낄 수 있어. 그리고 어느 순간 자신도 모르게 4·3 희생자를 위령하고 추념하고 있다는 것을 알게 될 거야.

〈지슬〉은 미친 듯한 바람이 불었던 비극적인 제주 현대사를 보여 줌과 동시에 마지막까지도 삶의 희망을 놓지 않았던 제주 사람들의 이야기를 전하고 있어. 또한 자신의 목숨을 유지하기 어려웠던 극단적인 어려움 속에서도 서로 돕고 아끼던 당시 주민들의 마음을 그리고 있어. 어쩌면 그 순박하고 따뜻한 주민

---

*사전에 '신묘(神墓)'라는 단어는 없다. 영혼이 머무는 곳이라는 뜻의 용어는 '사당 묘(廟)' 자가 들어간 '신묘(神廟)'이다. 즉 조상의 신주를 모신 사당이라는 뜻이다. 그럼에도 '무덤 묘(墓)' 자를 쓴 까닭에 대해 영화감독은 한 언론사와의 인터뷰에서 "제주도 자체가 무덤 이잖아요"라고 말했다. 엄청난 수의 인명이 희생됨으로써 제주도 전체가 무덤이 되었다는 것을 상징하기 위해 일부러 '무덤 묘' 자를 썼다는 것이다.

제주4·3평화공원에 마련된 위령제단. ©김기삼

들의 가슴이 차갑게 얼어붙은 채 그들을 향해 겨누고 있는 총과 창을 녹여 내고 있는 것 같기도 해.

2) 북촌리의 아기들: 소설 〈순이 삼촌〉을 따라서

마음이 아파서 이 글을 읽기 힘들지? 맞아! 16살 꾸러기 상희가 4·3을 알아 갈 때 느꼈던 감정도 바로 그랬거든. 어떻게 사람에게 그럴 수가 있을까? 그 시간을 견뎌 낸 사람들의 고통은 어땠을까? 영문도 모른 채 가족이 죽어 가는 모습을 숨어서 지켜보아야 했던 사람들의 억울함과 한은 얼마나 클까? 나로서는 짐작조차 할 수 없는 그 비극적인 장면을 들춰 보는 일이 너무나 힘들었어. 하지만 앎을 멈출 수는 없었어. 그분들의 아픔 한 자락을 이제라도 바라보는 것이 최소한의 예의라는 생각이 들었거든. 그런 마음으로 어둠 속에 묻힌 4·3의 비극을 처음으로 세상에 내놓은 작품이 있어. 이번엔 소설이야.

작가 현기영은 1978년에 〈순이 삼촌〉을 발표했어. 그런데 곧 작가는 4·3에 관한 소설을 썼다는 이유로 군대 수사기관에 끌려가 모진 고문과 매질을 당했어.* 또한 당시 군사정권은 사람들이 이 소설을 읽지 못하도록 판매금지 조치를 내렸어. 대체 왜 이 소설은 정권의 탄압을 받았을까? 그들은 무엇이 두려워 작가를 모질게 고문했을까?

'순이 삼촌'은 누구의 삼촌일까?

제주도에서는 촌수를 따지기 어려운 먼 친척 어른이거나 심지어 전혀 친인척 관계가 아님에도 자신보다 나이 많은 사람을 남녀 구별 없이 모두 '삼촌'이라고 불러. 친구들이 제주도에 놀러 왔을 때 식당에서 또는 거리에서 만난 어른에게 뭔가를 묻거나 부탁할 일이 생기면 "삼촌!"이라고 부르면 돼. 그러면 그분은 따뜻한 눈길로 네 말을 들어주실 거야. 그러니까 소설 제목인 '순이 삼촌'은 '순이라는 이름을 가진 어른'이라는 뜻이야.

▌현기영 작가의 소설집 《순이 삼촌》(창비) 표지

● "고문과 매질이 어찌나 혹독했던지 그 무렵 나는 〈순이 삼촌〉이 내 몸에서 잘못 태어난 애물덩이 자식처럼 미운 생각이 들 정도였다. 나는 〈순이 삼촌〉을 쓰기 위해 만난 고향 어른들의 증언을 청취하면서 함께 울었고 그 한과 분노가 작품에 고스란히 반영되도록 울면서 글을 썼다. 그런 과정에서 4·3이 옳게 추체험되었고 또한 그 추체험은 작품 때문에 모진 고문을 당함으로써 직접 체험으로 전이된 것이다. 결국 4·3은 흘러간 과거지사가 아니라 지금도 진행 중인 현재적 사건이었고 바로 이것이 30여 년의 서울 생활에도 불구하고 정서적으로나 문학적으로나 아직도 고향을 못 벗어나고 있는 이유이다." 〈경향신문〉(1993. 5. 20.)에 실린 현기영 작가의 말 중에서.

〈순이 삼촌〉은 북제주군 조천읍 북촌리(소설에선 '서촌'으로 나오지)를 무대로 삼고 있어. 제주시청에서 동쪽으로 일주도로를 따라 15km가량 가다 보면 함덕해수욕장이 나오는데, 그 바닷가에 볼록 솟아오른 서우봉을 스쳐 돌자마자 보이는 마을이 북촌리야. 북촌마을은 1949년 1월 17일부터 이틀 동안 400여 명의 주민이 집단 학살당한 것을 포함해 4·3 때 모두 500명가량이 희생된 대표적인 4·3 피해 마을이야. 소설은 8년 만에 할아버지 제사에 참석하기 위해 서울에서 고향 제주도에 간 주인공 '상수(나, 화자)'가 집안 어른들과 함께 1948년 '음력 섣달 열아흐렛날 사건'에 대해 회상하는 것으로 시작해. 음력 1948년 12월 19일은 양력으로는 1949년 1월 17일이야.

상수의 어머니는 상수가 7살 때 폐병으로 돌아가셨고 아버지는 일본으로 밀항했어. 그래서 고아가 된 상수는 큰아버지 밑에서 사촌과 함께 유년기를 보냈는데, 이후 서울로 가서 공부하고 직장을 얻었기 때문에 제주도를 떠나 살고 있었지. 그러던 어느 날, 가족묘지 매입 문제에 관해 상의할 게 있으니 할아버지 제삿날에 맞춰 오라는 큰아버지의 부름을 받고 고향인 제주도 서촌으로 갔어. 보통 제사는 전날 밤에 지내기 때문에 음력 섣달 열여드렛날(12월 18일) 밤에 상수와 친척 어른들이 한자리에 모인 거야.

'왜 제삿집에 계셔야 할 순이 삼촌이 안 보이지?' 상수는 문득 순이 삼촌이 떠올랐어. 상수와 순이 삼촌은 먼 친척이지만 각별한 관계였거든. 순이 삼촌은 1년가량 상수의 서울집에 살면서 살림을 돌봐 주다 불과 두 달 전에 고향으로 내려온 분이었어. 궁금해진 상수는 순이 삼촌의 안부를 물었어. 큰아버지는 금방 대답하지 못한 채 한동안 난처한 기색을 보이다 겨우 입을 뗐는데, 순이 삼촌이 글쎄 며칠 전에 죽었다는 거야. 집을 나간 뒤 20여 일 만에 평생 일구던 학교 근처의 옴팡밭에서 시신으로 발견되었대. 주검 옆에는 먹다 남은 꿩약이 흩어져 있었다고도 했어. '꿩약'이란 꿩을 잡기 위한 독극물이야. 스스로 목숨을 끊은 흔적이지.

친척들은 유서 한 장 남기지 않은 그분의 돌연한 죽음이 지병인 신경쇠약의 악화 때문이라고 했어. 이야기를 듣던 상수는 순이 삼촌의 죽음이 혹시 자신과 연관된 건 아닐까 하는 생각에 자책감이 들었어. 서울에서 함께 살 때 순이 삼촌이 했던 이해할 수 없는 행동이 생각났거든. 그녀는 사람들이 자기에게 밥을 많이 먹는다고 흉을 본다며 노여워했어. 누구도 순이 삼촌에게 그런 말을 하거나 탓하지 않았는데도 말이야. 공원에 놀러 가 사진을 찍어 주면 구태여 사진값을 내겠다고 우기기도 했어. 상수는 별것 아닌 일에도 늘 긴장하며 자신의 결백을 증명하기 위해 애쓰는 순이 삼촌을 보며 처음엔 안쓰러워했지만, 점차 그 정도가 심해지자 나중엔 자신의 마음이 난감함으로 색칠돼 가는 것을 느꼈어. 그러던 어느 날 시골서 올라온 순이 삼촌의 사위가 하는 얘기를 듣고는 순이 삼촌의 이해할 수 없는 행동들이 모두 그날의 사건과 관련이 있다는 사실을 알게 되었어.

섣달 열아흐렛날 불어닥친 광풍

그날의 사건은 상수가 오랜만에 고향에 와서 할아버지 제사를 지낸 날로부터 30년 전에 벌어졌어. 음력 섣달 열아흐렛날이야. 그날은 유달리 바람 끝이 맵고 시린 날씨였어. 갑자기 군인들이 마을에 들이닥쳐 초등학교 운동장에 집결하라고 소리쳤어. 총부리를 겨누며 다그쳤기 때문에 주민들은 공포에 떨면서 서둘러 운동장으로 달려갔어. 군인들은 집집마다 불을 붙였어. 400여 채의 집들이 옹기종기 모여 있던 북촌리는 순식간에 불바다로 변했어.

군인들은 주민들을 수십 명 단위로 학교 인근 여기저기로 마치 돼지 몰듯이 끌고 갔어. 곧 요란한 총소리가 하늘과 땅을 뒤덮었어. 낮부터 시작된 이런 아수라장은 날이 저물 때까지 계속됐어. 이날부터 이튿날까지 이 세상 무엇과도 바꿀 수 없는 소중한 인명 400명가량이 숨을 거두었어. 순이 삼촌도 사람들 틈에 섞여 끌려갔어. 순이 삼촌은 행방을 알 수 없는 남편 때문에 화를 입을까 두려워 숨어 다니다가 오누이 자식을 데리러 마을로 돌아왔다가 이런 일을 당했던 거야.

군인들은 날이 어두워지자 학살극을 멈추고 일단 철수했어. 아직 총살당하지 않고 살아남은 사람들은 학교 교실로 들어가 불안한 밤을 새웠어. 밤중에 마을 사람들은 두 번이나 크게 놀랐어. 한 번은 대나무가 불에 타면서 터지는 소리를 총소리로 오해해 놀랐지. 또 한 번은 학살터에서 죽은 줄만 알았던 순이 삼촌이 살아 돌아와 밖에서 교실 유리창을 두드렸기 때문이야. 옴팡밭으로 끌려간 순이 삼촌이 기적같이 살아 돌아온 거였어. 순이 삼촌은 군인들이 총을 쏘기 시작하자마자 기절해 쓰러지는 바람에 다행히 살 수 있었어. 하지만 그때 순이 삼촌이 양손에 붙들고 있던 어린 오누이 자식은 총에 맞아 숨졌어. 어린 자식 두 명을 모두 잃은 순이 삼촌이 그때 어떤 마음의 상처를 입었는지 우리는 짐작이나 할 수 있을까?

이 끔찍한 사건 이후에도 순이 삼촌은 경찰에 수시로 불려가 고문을 당하며 남편의 행방에 관해 추궁당했어. 그래서 순이 삼촌은 경찰 기피증이 생겼고, 나중에는 환청 증세까지 보였어. 상수네 집에서 그녀가 보인 기이한 행동, 즉 자신이 결코 죄를

1949년 1월, 토벌대에 쫓겨 달아나던 아이 엄마가 총에 맞았다. 아기를 끌어안
고 그 자리에 쓰러진 사연을 조형물('비설')로 만들어 제주4·3평화공원에 세웠다.
ⓒ김기삼

짓지 않았다는 걸, 쌀 한 톨도 자기 주머니에 넣지 않았다는 걸 애써 증명하려 했던 것은 그 후유증 때문이었지.

순이 삼촌은 자기 자식들과 수많은 사람들의 시신이 널브러 져 있던 그 옴팡밭으로 가서 밭을 일구었어. 굶지 않고 살기 위 해서는 어쩔 수 없었어. 그녀는 그곳에서 뼈와 탄피를 골라내 다시 농사를 시작했던 거야. 순이 삼촌은 그렇게 30년을 살았 지. 영혼 없는 사람처럼 말이야.

무려 30년이라는 시간이 무심히 지나갔어. 그래서 그럭저럭 잊을 만한 세월이 흐른 것 같았지만 순이 삼촌에겐 그날의 사 건이 단지 지나간 과거가 아니었어. 아무리 애를 써도 그날 벌 어졌던 사건에서 벗어날 수 없었어. 순이 삼촌은 총알이 빗발 치는 속에서도 신기하게 털끝 하나 안 다치고 유일하게 살아남 았지만, 30년이 흐른 뒤 깊은 물웅덩이의 물귀신에게 채여 가 듯 머리끄덩이를 잡혀 오누이 자식들이 희생된 그 밭으로 스스 로 끌려갔어.

순이 삼촌에게 옴팡밭은 무슨 의미였을까? 왜 상수는 순이 삼촌의 죽음이 30년 동안 유예된 죽음이라고 생각했을까?

무수히 쓰러져 간 삼촌들과 아기들

4·3 때 함덕해수욕장으로 유명한 조천읍 함덕리에는 제2연

대 제3대대 병력이 주둔하고 있었어. 큰 인명 피해를 당했던 북촌리는 함덕리와 맞닿아 있는 마을이야. 제주도 마을은 크게 둘로 나뉘어. 하나는 해안선을 따라 제주도 둘레에 형성돼 있는 '해안마을'이고, 다른 하나는 한라산과 해안마을 사이에 있는 '중산간 마을'이야. 이미 앞에서 설명했던 내용이니까 기억나지? 북촌리와 함덕리는 전형적인 해안마을이지. 당시 군·경 토벌대는 대개 해안마을에 주둔했어. 그래서 토벌대는 중산간 마을을 깡그리 불태웠지만, 자신들의 주둔지인 해안마을에는 불을 지르지 않았어.

1949년 1월 17일 일부 병력이 트럭을 타고 이동하던 중 북촌리 어귀에서 무장대의 기습 공격으로 군인 2명이 희생되는 사건이 벌어졌어. 군인들은 일단 대대본부가 있는 함덕리로 급히 도망쳤어. 그러자 북촌리 주민들은 크게 당황했어. 해안마을인 덕분에 마을이 불타지 않았고 그동안 큰 인명 피해도 없이 무사히 지내 왔는데, 군인들이 마을 인근에서 희생되는 사건이 벌어졌으니 혹시나 보복을 당하지 않을까 걱정됐기 때문이지.

북촌리 주민들은 심각하게 논의한 끝에 군인 시신을 함덕리 대대본부에 가져다주기로 결정했어. 젊은 사람이 가면 오해를 받아 위험할 수도 있으니 나이 든 어른들이 가기로 했어. 결국 노인 10여 명이 군인 2명의 시신을 들것에 실어 함덕리 대대본부로 가서 "군인들을 기습 공격한 것은 우리 마을 사람들의 소행이 아니다"라고 해명했어. 그러나 노인들은 살아서 마을로 돌아오지 못했어.

노인들을 학살한 군인들은 곧장 트럭을 타고 북촌리로 진입했어. 군인들은 "연설 들으러 나오라"며 북촌국민학교 운동장에 주민들을 모이게 하면서 집들을 모두 불 지르기 시작했어. 군인들은 사람들이 모이자마자 군인 가족과 경찰 가족을 다른 사람들과 분리시켰어. 무언가 이상한 낌새를 눈치챈 마을 사람들은 웅성거리며 동요하기 시작했어. 일부 사람들은 본능적으로 군인·경찰의 가족이 모여 있는 쪽으로 달려갔어. 그러자 군인들은 주민들을 위협하기 위해 총을 난사했어. 그때 30대 임산부와 젖먹이를 안고 있던 아주머니가 총에 맞아 쓰러졌어. 젖먹이 아기는 엄마가 죽은 줄도 모르고 엄마 가슴속에 파고들어 젖을 빨았어.

이날 젊은 남자만 죽은 게 아니었어. 노인과 여성, 심지어 젖먹이 어린 아기도 총에 맞아 숨겼어. 지금도 북촌리에는 그때 목숨을 잃은 아기들의 무덤이 있어.

군인들은 날이 어두워지자 총격을 멈추고 아직 총살당하지 않은 사람들에게 "내일 함덕리 대대본부로 오라"고 명령한 후 철수했어. 살아남은 주민들은 어떻게 해야 할지 고민에 빠졌는

강요배 〈젖먹이〉(2007) 캔버스에 아크릴_160x130cm
죽은 엄마의 젖을 빨고 있는 아기의 모습을 담은 작품 〈젖먹이〉는 제주 북촌리 '너
븐숭이 기념관'에 전시되어 있다.

북촌리 아기 무덤. 북촌리 사건의 내용을 이미 알고 찾아온 탐방객들은 아기들의 영혼을 위령하기 위해 무덤가에 과자나 장난감을 놓고 간다. ⓒ한상희

데 의견이 둘로 갈라졌어. "군인들의 명령에 따르는 것이 목숨을 구하는 길"이라고 말하는 사람들이 있는가 하면, "노인과 젖먹이까지 죽이는 마당인데 우리라고 살려 주겠느냐?"라고 주장하는 사람도 있었어. 논란 끝에 주민들 중 일부는 군대의 명

령에 따라 이튿날 함덕리 대대본부로 갔고, 일부 사람들은 산으로 피신했어. 결과는 크게 달랐어. 산으로 피신한 사람들은 살았고, 군대의 명령에 순응해 함덕리 대대본부로 갔던 100여 명의 사람들은 대부분 학살당했어. 결국 불과 이틀 사이에 주민 400여 명이 희생된 거야.

북촌리에서는 해마다 음력 12월 18~19일이 되면 대부분의 집안에서 제사를 지내. 한날한시에 집단 학살당했기 때문에 제삿날이 같아 마치 설이나 추석 명절 때처럼 온 동네가 북적이지.

"젖먹이 어린 아기가 폭도입니까?"

그날의 사건 이후에도 북촌리 주민들의 희생이 계속돼 북촌리라는 작은 마을에서 모두 합해 500명가량이 희생되었어. 특히 젊은 남자들은 목숨을 부지하기 어려웠어. 남자가 대부분 희생됐기 때문에 북촌리는 한동안 '무남촌(無男村)'이라고 불렸어. 남자가 없는 마을이라는 뜻이지.

제주섬에서 사라진 수많은 순이 삼촌들. 그들은 살아서는 한 가정의 어머니와 아버지였어. 아기들은 부모의 사랑을 듬뿍 받으며 자란 귀한 자식이었지. 그런데 어떤 사람들은 군·경 토벌대에게 죽임을 당했다는 이유만으로 희생된 사람들을 '폭도',

'빨갱이'라고 불렀어. 그렇게 말하는 사람들에게 이렇게 말하고 싶어. "젖먹이 어린 아기가 폭도입니까?"

현기영 작가는 소설에서 순이 삼촌은 불과 얼마 전에 스스로 목숨을 끊었지만, 그것은 이미 30년 전에 희생된 해묵은 죽음이라고 말하고 있어. 비록 30년 전에 사망한 건 아니지만, 정신적으로는 죽은 것과 다름없다는 뜻이지. 다만 그날 옴팡밭에서 군인들의 총구에서 나간 총알이 30년의 유예기간을 보내고 오늘에야 순이 삼촌의 가슴 한복판을 꿰뚫었을 뿐.

2023년은 4·3 제75주년이야. 지금도 제주4·3 때 사건을 겪은 후 70여 년 동안 생의 유예를 보내는 '순이 삼촌들'이 얼마나 많을지 생각해 보게 돼.

3) 돌담 위에 핀 꽃송이: 소설 《돌담에 속삭이는》

제주 신화에 따르면, 저 멀리 서쪽 어딘가에 '서천꽃밭'이라는 곳이 있대. 어린아이들이 숨지면 가는 특별한 낙원이자 천국이야. 그런데 간혹 길을 잃어 서천꽃밭에 가지 못하는 어린 영혼들이 있대. 또한 난리 통에 숨진 채 내버려진 아이들의 영혼은 엄마를 만날 수 없고, 마찬가지로 억울하게 죽임을 당해 다른 사람이 찾지 못할 곳에 묻혀 있거나 차가운 바닷물 속에 빠진 엄마의 영혼은 자신의 시신이 발견되기 전까지는 아이의 영혼과 만날 수 없대.

초토화작전 때 군·경 토벌대는 남자와 여자를 구분하지 않고, 노인과 아이를 가리지 않고 총격을 가했어. 심지어 젖먹이 어린 아기에게도 총을 쏘았어. 4·3특별법에 따라 구성된 4·3위원회에서 결정한 희생자의 나이를 보면 기가 막혀. 2022년 12월 현재 통계를 보면, 0살부터 10살 사이에 죽은 어린이가 818명이야. 11살부터 20살까지의 희생자는 2534명이야.

이 통계는 유족들이 '희생자 신고'를 한 것에 대해 4·3위원회가 공식적으로 '희생자 결정'을 한 숫자이니까 실제로는 더 많겠지. '0살'이라는 것은 태어난 지 1년도 안 된, 즉 돌도 되지 않은 젖먹이라는 뜻이지. 12살이라고 해 봐야 아직 초등학교 학생이야. 만 19살부터는 성년이지만 그 이하는 아직 성년이 되지 않은 '미성년자'라고 해. 과연 20세기 문명국가에서 있었던 일인지 믿기지 않지?

살아남은 사람 중에는 자기 또래 어린이들의 희생을 목격한 친구들도 있었겠지? 죽은 사람만 피해자가 아닐 거야. 다행히 자기 목숨은 구했지만 친구가 숨지는 모습을 본 어린이가 그 후 어떤 시간을 보냈을지 상상할 수 있겠니? 수십 년의 세월이

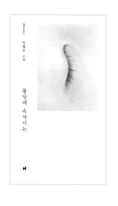

임철우 작가의 소설 《돌담에 속삭이는》(현대문학) 표지

지나도 그날이 떠오르면 아마 끔찍한 벌을 받는다는 생각이 들 거야. 관객이 1천만 명이 넘었다는 〈신과 함께〉라는 영화를 본 적 있니? 지옥의 상황을 그린 영화인데, 4·3 때 제주도의 모습은 그 영화 내용보다 더 참담했던 것 같아.

여기 한 여인이 있어. 지금은 아주 나이 많은 노인인데 12살 때 4·3을 겪었던 분이야. 그 노인이 어느 날 주인공 '한'에게 평생 마음속에 간직했던 이야기를 꺼내 놓지. 그 이야기를 들으러 소설 《돌담에 속삭이는》 속으로 함께 들어가 보자.

팽나무 등치와 돌무더기 속에 숨겨진 사연

학교를 퇴직한 한(한민우)은 한가하고 조용한 곳에 살고 싶어 망월리로 이주했어. '망월리'는 제주도 서귀포시에 있는 가상의 마을인데, 한의 집은 마을의 가장 후미진 골목의 맨 끄트머리에 있어. 지붕 너머로는 한라산이 보이고 가슴 높이의 돌담이 마당을 빙 둘러싸고 있지. 마당 왼쪽 모퉁이에는 개집이 하나 있는데, 머리를 내놓고 엎드려 졸고 있는 백구는 한이 얼마 전에 입양한 유기견 망고야.

2년 전에 이사 온 뒤부터 한은 뒤숭숭한 꿈에 시달리고 있어. 익사체가 바다 위에 둥둥 떠다니거나 수많은 사람이 마치 사냥감처럼 쫓겨 다니는 꿈을 반복해서 꾸지. 하루는 마당에서 돌담을 향해 신나게 꼬리를 흔들며 저 혼자 놀고 있는 망고를 발견해. 망고는 아무도 없는데도 저 혼자 한참을 뛰어오르고 뱅글뱅글 돌면서 놀이에 집중하고 있어. 망고는 전에도 같은 장소에서 혼자 그렇게 뛰놀곤 했어. 망고 눈에는 무엇이 보였던 것일까?

한은 망고의 시선이 향한 돌담 뒤 빈터를 유심히 보았어. 거기엔 오래전 벼락 맞아 쓰러진 수백 년 묵은 폭낭(팽나무)의 밑동이 있었어. 그 옆에는 칡넝쿨로 뒤덮인 돌무더기도 있었지. 한은 계속 그 고목의 둥치와 돌무더기가 마음에 걸렸어. 그러던 차에 한의 승용차를 얻어 탄 동네 할망(할머니)이 "그 집에 있던 아이들은 그 뒤로 어찌 되었나 몰라?"라고 혼잣말을 하지 않겠어? 한의 호기심을 자극하는 말이었지. 궁금해하는 한에게 할망은 어렵게 그해의 이야기를 하기 시작해. 그 할망의 이름은 '천엽'이래.

1948년 겨울. 어린 천엽은 마을 앞 공터로 집결하라는 군인의 명령에 따라 엄마 손을 꼭 붙잡고 갔어. 주민들이 모이자 군인들은 "폭도들에게 식량을 가져다 바친 자들"이라며 세 가족을 호명했어. 그러곤 불려 나간 사람 중에서 젊은 사내 세 명을 분리한 뒤 우선 그들의 가족에게 총을 쏘았어. 젊은 사내 세 명은 눈앞에서 자기 어머니와 자식들이 총에 맞아 쓰러지는 걸 봐야만 했어. 그곳에 모인 사람들도 이웃이 희생되는 걸 모두 보았지. 가족과 이웃이 참혹하게 죽어 가는 모습을 본 사람들의 심정은 어땠을까?

곧이어 군인들은 눈앞에서 가족의 죽음을 지켜본 그 젊은 사내 세 명을 세운 뒤, 모여 있던 주민 중에서 세 명을 지목해 앞으로 나오도록 했어. 그리고 그들에게 쇠로 된 창을 주면서 "당신들의 애국심을 스스로 직접 증명해 보라"면서 젊은 사내들을 찌르라고 강요했어. 주민들은 군인들의 명령을 거부할 수 없었어. 그랬다간 자신들도 목숨을 잃을 게 뻔했기 때문이야.

결국 그 젊은 사내 세 명은 철창에 찔려 희생됐는데, 맨 처음 철창을 찌른 사람은 다름 아닌 천엽의 아버지였어. 천엽은 아버지가 이웃을 찌르는 장면을 처음부터 끝까지 모두 지켜보았어. 그날의 사건 이후 온 동네는 꽁꽁 얼어붙었고 주민들은 두려움에 벌벌 떨었어.

8살 몽구, 7살 몽희, 5살 몽선의 사연

어느 날, 천엽은 뒷집에서 인기척이 들리기에 호기심이 발동해 그 집으로 들어갔어. 그곳은 춘하의 집이야. 춘하는 천엽과 사이좋게 지냈던 친구였지만, 춘하의 아버지는 그날의 사건 때 천엽의 아버지가 군인들의 강요로 어쩔 수 없이 찌른 철창에 맞아 돌아가신 분이야. 춘하의 어머니와 춘하도 이에 앞서 희생됐어.

그런데 천엽은 비어 있어야 할 춘하의 집에서 낯선 세 아이를 발견하게 돼. 세 아이는 8살 몽구, 7살 몽희, 5살 몽선이야. 춘하의 집은 세 아이의 고모 집이었어. 그러니까 그 아이들에게 춘하는 사촌 언니였지. 아이들은 엄마가 군인에게 끌려가면서 "이틀 밤만 지나면 돌아올 테니까 고모 집에 가서 기다리라"고 해서 춘하의 집에 간 거였어.

몽희 남매의 아버지는 군인들이 무서워 산으로 도망친 상태였어. 게다가 어머니마저 군인들에게 끌려가는 바람에 몽희 남매는 오갈 데 없는 딱한 처지였지. 천엽의 부모님은 굶주린 몽희 남매에게 고구마를 하나씩 주고 하룻밤을 재워 주었지만, 이튿날엔 고아나 다름없는 아이들을 돌려보냈어. 토벌대의 주목을 받는 집안의 아이들을 데리고 있다가 어떤 화를 당할지 몰라 두려웠기 때문이야.

천엽은 춘하의 집에서 잠깐 보았던 몽희 남매가 곧 자기들 집으로 돌아간 줄 알았어. 왜냐하면 이미 춘하 가족이 모두 희생되어서 춘하의 집은 아무도 살지 않는 빈집이었기 때문이지. 그러던 중 군인들은 주민들에게 다른 곳으로 이주하라고 명령했어. 그래서 분주하게 피난 준비를 하던 천엽은 땟국에 절어 새카맣게 변해 버린 몽희 남매를 춘하의 집 헛간에서 다시 보게 되었어. 혹시 엄마를 만날 수 있을까 해서 춘하의 집을 다시 찾아온 아이들이 헛간에 숨어 있던 거였어. 천엽은 피난하기 전날에 누룽지를 숨기고 가서 아이들에게 주었어.

피난하던 날 새벽부터 군인들이 마을에 들이닥쳐 사람들을 집 밖으로 몰아내면서 집집마다 불을 붙였어. 천엽은 몽희 남매가 숨어 있는 춘하의 집이 불타는 모습을 보았어. 피난하던 천엽의 귀에 몽희 남매의 울음소리가 또렷이 들려왔어.

서천꽃밭으로 간 아이들

한에게 몽희 남매에 대해 말하기 시작한 할망은 어린 시절의 천엽으로 돌아가 힘겹게 이야기를 이어 갔어. 몇 개월 뒤 고향 집터로 돌아왔는데, 이상하게도 몽희 남매의 흔적은 찾을 수가 없었다고 해. 그런데 할망은 불과 얼마 전에 몽희 남매에 관한 소식을 들었대. 알고 보니, 천엽의 아버지가 사람들 눈을 피해 그 세 아이들의 뼈를 찾아 자기 손으로 직접 묻어 주었던 거야. 그리고 아이들의 뼈가 묻힌 장소가 바로 폭낭 뒤편 야트막한 둔덕 위라는 거야.

한은 할망의 이야기를 다 듣고 나서야 비로소 자신이 왜 계속 나쁜 꿈을 꾸었는지, 돌담 속에서 가끔 자신을 쳐다보는 듯한 것의 정체가 무엇인지, 그리고 강아지 망고가 왜 돌담을 향해 장난을 치며 놀았는지를 깨닫게 되었어. 돌담 속에 있는 아이들은 꿈속에서 계속 한에게 말을 걸고 있어. 자기소개도 했고, 자기들이 왜 그곳을 떠나지 않고 있는지도 말했지. 아이들은 지금까지도 엄마를 기다리고 있었던 거야.

마침내 그날이 왔어. 서천꽃밭으로 가지 못한 불쌍한 아이와 엄마의 영혼을 달래기 위해 한밤중에 몰래 꽃밭 섬이 제주 바다를 찾아온다는 바로 그날 말이야. 달이 가장 크고 둥글고 환한 어느 날 밤, 몽희 남매는 드디어 그토록 기다리던 엄마를 만났어.

한은 할망에게 이야기를 들은 후, 꽃송이로 남은 몽희 남매와 아픈 기억을 안고 사는 할망을 위로하고 있어. 또한 말을 빼앗기고 침묵해야만 했던 제주 사람들의 잃어버린 시간들을 기억하려고 해. 한은 자신의 주변에 어른거리는 4·3의 처참한 진실을 찾아 나서며 어린 영혼들을 위로하는 동시에 자신의 상처

조형물 '귀천'은 4·3 당시 아무 이유 없이 죽어 가야 했던 제주도민들의 넋을 위로하는 의미로 세워졌다. 죽은 뒤 입는 수의를 표현한 것인데, 가운데 작은 수의는 희생된 아기들 것이다. ⓒ김기삼

도 함께 치유해 가게 되는 거야. 이제는 또 다른 몽희들도 엄마를 만나 서천꽃밭을 찾아갈 수 있다면 얼마나 좋을까. 그래서 그들 모두가 그곳에서 행복하게 살게 되기를 한은 간절한 마음으로 빌고 있어.

몽희는 이렇게 말하고 있어.

"우리가 누구인지, 어떤 모습인지, 당신은 더 많이 알고 싶어 해. … 그건 마침내 당신이 우리들의 존재를 조금씩 느끼기 시작했다는 뜻이야. 당신 마음의 눈, 영혼의 눈이 조금씩 열리기 시작했다는 신호일 수도 있어. … 어쩌면 당신은 그 특별한 눈을 이미 지녔는지도 몰라. 당신은 남다르게 '아파하는 마음'을 가졌으니까."《돌담에 속삭이는》, 203~205쪽)

우리가 지금까지 4·3을 보지 못하고 듣지 못했어도 상관없어. 지금 친구들은 이렇게 나와 함께 4·3의 꽃송이들을 보고 있잖아! 붉은 꽃송이에 다가가면 꽃들이 우리에게 전하는 말을 들을 수 있어.

참, 몽구, 몽희, 몽선이 어떤 모습을 하고 있느냐고?

"우리들의 몸은 아주 작고도 작아. … 우린 바위틈의 푹신한 이끼 위에 눕기도 하고, 나뭇잎 끄트머리에 매달려 쉬기도 해. … 한밤중에 숲이나 강가에서 춤추는 반딧불을 보았다면, 아마 그중에 몇몇은 우리들일 수 있어."《돌담에 속삭이는》, 208쪽)

이 소설의 작가는 가슴이 먹먹해지는 이러한 슬픔을 이야기하면서도 '강변 모래밭에서 반짝이는 모래알', '나뭇잎 끄트머리의 작은 떨림', '갓난아이 손바닥만큼 눈이 녹은 자리' 등 생명의 소중함과 아름다움에 대해 들려주고 있어. 사람 이름이 많이 나오니 조금 헷갈리지? 너희들도 한번 꽃송이가 되었던 몽희 이야기를 직접 읽어 보기를 바랄게.

3장
·
두 번째 찾아온 질문,
4·3과 사람들

사진 고현주 〈임문숙 씨 가족묘 - 시신 없는 헛묘〉

1988년 16살 꾸러기 상희가 가졌던 궁금증은 2000년에 4·3 특별법이 제정되고 2003년에 정부의 공식 보고서인 〈제주4·3 사건 진상조사보고서〉(〈진상조사보고서〉)가 나오면서 점차 풀리기 시작했어. '4·3이 도대체 뭐지?'라는 질문에 대한 답이 조금씩 보였던 거야.

그런데 곧 또 다른 질문이 생겼어. 그때 제주 사람들은 어떻게 살았을까? 〈진상조사보고서〉를 통해 역사적 사실을 알게 되었지만, 개개인의 삶은 어떠했을지에 대한 궁금증이 문득 떠오른 거야.

'8살 꼬마였던 우리 엄마는 어떻게 살았을까?'

중산간 마을의 집들이 모두 불에 타 버렸는데, 사람들은 어디에서 살았을까? 지금 제주도의 마을은 너무나 예쁜데, 잿더미가 된 집을 어떻게 다시 일으켜 세울 수 있었을까? 원망과 복수심이 컸을 텐데, 어떻게 제주공동체가 회복될 수 있었을까? 부모를 잃은 어린이들이 어떻게 슬픔을 이겨 낼 수 있었을까? 10살 안팎의 꼬마들이 도대체 무엇을 먹고살았던 것일까? 질문이 끝없이 이어졌어.

이런 질문들을 품으며 창밖을 보았어. 프롤로그에서 말했던 것처럼, 창문 너머의 모습은 어제와 같았지만 내 마음속에 비친 풍경은 달랐어. 거리를 걷는 어르신, 한껏 멋을 부린 젊은이, 밝게 웃고 떠들며 뛰노는 아이들…. 이토록 아름답게 복원된 제주도가 새삼스레 신기하게 느껴졌어. 특히 우리 엄마가 외할아버지를 잃은 후 그동안 어떻게 살아오셨는지 너무나 궁금했어. 외할아버지는 어쩌다가 희생된 걸까? 엄마와 외삼촌은 아버지를 잃고 어떻게 살아왔을까? 엄마는 1940년생이니까 어느덧 80살이 넘었어. 당시 8살 꼬마가 어떻게 살아남아 가정을 이루고 나를 포함해 8명이나 자녀를 낳고 기르셨을까? 이제부터 이 어린 남매가 살아온 이야기를 들려줄게.

1) 4·3을 살아 낸 어린이들

대나무밭에 숨어 목숨을 구한 어린 남매

1948년 11월 7일, 8살 소녀는 5살 난 남동생과 함께 '올레'에서 놀고 있었어. 남매가 살던 마을은 남원읍 한남리라는 곳인데, 바다와 멀리 떨어져 있는 중산간 마을이야.

10여 년 전부터 제주도의 '올레길'을 걷는 사람들이 많아. 혹시 제주 여행 때 가족과 함께 올레길을 걸었을지도 모르겠다. 요즘엔 제주도 시골 마을의 도로를 모두 올레길이라고 하던데, 실은 도로에서 집으로 이어지는 작은 골목을 올레라고 하는 거야. 그러니까 올레는 길에서 집으로 들어가는 긴 입구라고 생각하면 돼.

아무튼, 그날 오후 어린 남매는 올레에서 재미있게 놀고 있었어. 햇살이 좋은 날이어서 마을 사람들은 마당에 멍석을 깔고 그 위에 수확한 곡식을 널어 말리고 있었어.

그런데 마을 동남쪽에 있는 어느 집에 불이 붙고 있었어. 연기가 많이 나기에 무슨 일일까 하여 쳐다봤더니, 곧 커다란 불기둥이 치솟아 올랐어. 불은 옆집으로 계속 번졌어. 군인들이 집집마다 불을 붙이는 거였어. 불이 점점 소녀의 집 쪽으로 가까이 다가왔어. 게다가 총소리까지 크게 들리는 거야. 마침 부

■ 강요배 〈천명(天鳴)〉 (1991) 캔버스에 아크릴_162x250cm

모님이 집에 안 계셨기 때문에 어린 남매는 너무나 무서웠어.

누나는 군인들이 집으로 들이닥치기 직전에 동생의 손을 잡아끌어 뒤뜰에 있는 대나무밭 속으로 급히 숨었어. 군인들은 잠시 집 안을 살피다가 곧 집에 불을 붙였어. 활활 타오르던 불은 금방 대나무밭으로 옮겨붙기 시작했어. 불기운이 너무 뜨거웠지만, 남매는 서로 손을 꼭 잡고 군인들이 나갈 때까지 꾹 참았어. 한참 지나자 총소리가 그치고 군인들 목소리도 들리지 않았어. 그제야 올레 밖으로 나가 보니, 총에 맞은 마을 사람들이 여기저기에 쓰러져 있었어.

어딘가로 피신했던 어머니는 해가 져 어둑어둑해질 무렵에야 돌아오셨지만, 아버지는 그날 이후 지금까지 볼 수가 없었어. 군인들은 남자들이 보이면 무조건 총을 쐈기 때문에 아버지는 더 멀리 숨으셨던 거야. 집이 불에 타 버린 그날 밤부터 어머니와 남매는 집을 떠나 피난길에 올랐어. 그 무렵 군인들은 집안에 젊은 남자가 사라져 버리면 남은 가족들을 '도피자 가족'이라고 하면서 무조건 총살했기 때문에 목숨을 구하기 위해서는 일단 피난할 수밖에 없었던 거야.

외갓집 꼴 더미 속에 숨어 지내다

그런데 막상 피난한다고 집을 나서긴 했지만 어디 갈 데가 있어야지. 어머니는 남매를 데리고 남원읍 남원리로 가기로 결정했어. 남원리는 친정 마을이라 친정아버지와 오빠가 살고 계셨기 때문이야. 그리고 남원리는 해변마을이라 불타지 않았거든. 그래서 그곳으로 피난한 거지.

그러나 중산간 마을에서 피난 온 사람들은 늘 총살당할 위험이 있기 때문에 집 안에 머물거나 방에서 잠을 잘 수가 없었어. 어린 남매 중 5살 남동생은 그때의 삶에 대해 다음과 같이 말했어. '5살 남동생'은 내 외삼촌이야.

어머니와 누나와 함께 어머니 친정집으로 피난 가서 숨어서 지냈어. 며칠 후 어머니가 아버지와 연락이 닿아 만났대. 어머니는 아버지에게 남원리로 피난 오시라고 했는데, 아버지는 "세 식구가 이미 처가에서 신세를 지고 있는데 나까지 가기는 미안한 일"이라며 오지 않으셨대. 그런데 외갓집에서도 밖으로 나다니지는 못한 채 숨어 지냈어. 중산간 마을에서 내려온 사람들을 자꾸 집합시킨 다음 젊은 남자가 사라진 집안의 사람들을 도피자 가족이라며 총살했기 때문이야.

당시엔 겨울철에 소나 말에게 먹일 촐(꼴)을 미리 베어다 적당한 크기로 묶어서 마당에 높게 쌓아 놓던 시절인데,

외삼촌이 어머니와 누나와 내가 들어갈 만큼 촐 묶음을 뽑아 주면 우리는 그 속에 들어가 숨고, 외삼촌은 우리가 들어간 뒤 촐 묶음으로 입구를 막아 숨겨 준 거야. 1년 동안 그렇게 세 식구가 촐 더미 속에 숨어 지냈고 잠도 그 속에서 잤어. 그래도 불안한 날에는 해안가 바위틈에 숨어 여러 날을 지낸 적도 있어. 나중에 사태가 안정될 무렵엔 외삼촌이 남원리 연못가에 움막을 지어 줘서 몇 개월 살기도 했어.

친정집이라곤 하지만 계속 신세를 질 상황이 아니었어. 다행히 어머니는 길쌈하는 솜씨가 좋았어. '길쌈'이 뭔지 알지? 옷감 짜는 일이야. 어머니의 길쌈 솜씨를 눈여겨봤던 어떤 사람의 소개로 세 식구는 '보목리'라는 곳으로 이주했어. 보목리는 지금 '서귀포시 보목동'이야. 가까이 '섶섬'이 보이는 따뜻하고 아름다운 바닷가 마을이야. '올레 6코스'를 걷다 보면 나타나는 곳이야.

10살에 해녀가 된 누나, 16살에 목수가 된 남동생

어머니는 이 집 저 집 옮겨 다니며 옷감을 짜고 옷을 만들어 주면서 생계를 이어 갔어. 그 덕에 어린 남매는 굶주린 배를 간신히 채울 수 있었어. 하지만 일정한 거처가 없이 여기저기 떠

돌며 남의 집에 사는 것이 쉽지 않았어. 특히 남의 집에 아이를 두 명이나 데리고 얹혀살기가 어려웠어.

그래서 소녀는 보목리로 이주한 지 1년 만에 남원리 이모 집에 맡겨졌어. 소녀는 이모 집에서 집안일을 도우며 살았는데, 10살이 되던 해에 해녀가 되기로 결심했어. 해녀는 돈 주고 사야 할 장비가 없어도 할 수 있고, 노력한 만큼 대가를 받을 수 있으니까, 그러면 당당하게 밥을 먹을 수 있으니까 해녀가 되기로 한 거야. 겨우 10살짜리 애가 차가운 바닷물에 들어가려니 얼마나 춥고 힘들었겠니?

소녀는 이모 집에서도 오래 머물 처지가 되지 못하자 12살에 이모 집을 나와 신효리(서귀포시 신효동) 전분 공장에 취직해 홀로 살았어. '전분'이란 말린 고구마를 갈아 만든 가루를 말하는 것인데, '녹말'이라고도 해.

소녀는 20살에 어머니와 남동생이 살고 있는 보목리의 한 남자와 결혼했어. 결혼 후에도 가난한 살림살이에 보탬이 되기 위해 쭉 물질을 했어. '물질'이란 해녀가 바다에 들어가 해산물을 채취하는 것을 뜻하는 제주말이야. 소녀는 돈을 더 준다기에 경상남도 양남면이라는 곳까지 가서 물질을 하다 오곤 했어. 그렇게 살다 보니 소녀는 초등학교도 다니지 못했어. 그래도 소녀는 "난 물질을 아주 잘했어. 물질해서 8남매 키웠어"라

소녀는 10살부터 시작한 물질로 삶을 일구고 8남매를 키워 냈다. ⓒ김기삼

고 자랑스럽게 말했어.

그럼 5살 난 남동생은 어떻게 살았을까? 남동생은 너무 어렸기 때문에 어머니가 데리고 살았어. 소년은 15살이 될 때까지 어머니와 함께 보목리에 살았는데, 초등학교만 겨우 졸업했어. 공부를 열심히 해서 초등학교 2학년을 마친 후 3학년을 거치지 않고 바로 4학년이 되어 5년 만에 학교를 졸업했지만, 너무 가난한 형편이라 중학교에 진학하지 못했어.

초등학교에선 점심시간이 되면 집에 가서 밥을 먹고 오라고 했대. 하지만 어머니는 일하러 갔기 때문에 집에 안 계신 데다가 집에 가 봐야 먹을 것이 없었어. 그래서 점심시간이 되면 밖에서 시간을 보내다가 다시 학교로 들어갔어. 먹을 것이 없어 톳밥이나 전분 찌꺼기를 먹으며 살았어. '톳밥'이란 바다에서 건져 낸 해조류인 톳에 잡곡을 조금 섞어 만든 거야.

땅 한 평 없고 아무런 전망도 없으니까 소년은 기술을 배우려고 16살에 가구공장에 취업했어. 말이 취업이지 가구를 배우던 3년 동안 보수는 1원도 받지 못하고 점심식사만 제공받았어. 열심히 가구를 만들던 소년은 27살 때 집을 짓는 목수 일까지 배워 건설업을 시작했어. 신용을 잘 쌓은 덕분에 여기저기에서 집을 지어 달라는 주문이 많이 들어와 경제적으로 안정됐어.

그런데 중학교 교복을 입고 다니는 친구들이 너무나 부러웠어. 지금도 남들이 중학교나 고등학교 동창회에 간다고 하면 부러워해. 그 대신 열심히 공부했어. 일을 끝내고 집에 돌아오면 아무리 피곤해도 책을 보았어. 스스로 영어와 한자를 배웠어. 비록 중학교조차 가지 못했지만 사람은 교양이 있어야 한다는 생각에 독학을 한 거야.

그리고 집 짓는 기술을 발휘해 가난한 사람들의 집을 무료로 수리해 주었어. 고향 집이 불에 타 버린 후 집 없이 어렵게 살았던 어린 시절이 떠올라 가난한 사람들의 쓰러져 가는 집을 외면할 수 없었던 거야. 이런 자원봉사활동을 많이 했기 때문에 노무현 대통령으로부터 표창장을 받았어.

8남매를 낳은 소녀, 7남매를 키운 소년

남매가 태어나고 어린 시절을 보낸 남원읍 한남리는 중산간 마을이라 군·경 토벌대의 초토화작전 때 잿더미로 변했어. 집만 불에 탄 것이 아니라 많은 사람이 목숨을 잃었어. 남매의 아버지뿐만 아니라 아버지 형제들과 사촌들이 모두 희생됐기 때문에 남매에겐 가까운 친척이 없어. 그래서 다른 집안의 경조사 때 그들의 친척들로 북적이는 모습을 보면 너무 부럽대.

외로움에 사무쳤던 남매는 어릴 때부터 약속을 했어. "친척

▌소녀가 받은 제주4·3어버이상　　　　　▌소년이 받은 대통령 표창장

▌소녀(내 엄마)와 남동생(외삼촌) ⓒ한상희

없이 사는 것이 너무 외롭다. 나중에 우리가 결혼하면 자식을 많이 낳아 그 아이들이 서로 의지할 수 있도록 하자"고 다짐했어.

소녀는 결혼해 8남매를 낳아 키웠어. 나는 그 8남매 중 6번째야. 어려서 아버지를 잃은 후 10대 초반부터 차가운 바닷물 속에 들어가 해산물을 캐거나 홀로 살면서 공장에 다니던 그 소녀가 행복했던 어릴 적 삶을 회복하기 위해 낳은 자식 중 한 사람이니까 나는 운명적으로 소중한 사람이라고 생각해.

소년은 7남매를 낳았어. 땅 한 평 없는 빈손인 데다 집도 없는 처지라 결혼하기가 참 어려웠대. 다행히 뒤늦게나마 사랑하는 사람을 만나 결혼했어. 가정을 이루고 열심히 일하니까 우울한 마음이 점점 사라지고 희망찬 새로운 삶이 시작되었다고 해.

어머니가 세운 '가족의 원칙'

소녀, 그러니까 내 어머니는 결혼 후 남편(아버지)에게 자주 4·3에 대해 이야기했어. 아버지 집안에는 희생자가 없었기 때문에 아버지는 4·3의 피해가 어떤 것인지 잘 모르셨어. 그래서 어머니는 아버지에게 "어릴 적에 갑자기 아버지를 잃은 후 말할 수 없는 고통을 겪었다. 혹시 우리에게도 예상하지 못한 불행이 닥쳐 자녀들을 돌보지 못하는 순간이 올 수 있으니 대비해야만 한다"고 말했어. 부모님은 상의 끝에 당신들이 없더라도 8남매가 각자 자급자족할 수 있을 뿐만 아니라 서로 의지하는 공동체를 이루어야 한다고 생각했어. 어떤 공동체냐고?

첫째, 두 분은 8명의 자녀에게 각자의 재능과 취향을 고려해 어떤 직업을 가질지 정해 주셨어. 나중에 알게 되었는데, '직업의 원칙'은 돈이나 명예가 아니라 자립이 우선이었어. 먹어야 사니까 요리사, 인생을 살려면 법을 잘 알아야 하니까 법률가, 아프면 치료해야 하니 의료인, 아이들을 바른길로 이끌고 가르치는 학교 선생님, 아버지의 가업을 이을 농부 등이 부모님께서 권하신 직업이었어. 자녀가 제일 좋아하는 것을 보되, 부모 없이도 살 수 있는 작은 공동체를 염두에 두셨던 거야.

둘째, 두 분은 자녀들에게 '20살 독립의 원칙'을 강조했어. 20이란 숫자는 단지 성인이 되는 나이가 아니라 심리적·경제적 독립까지 해야 하는 숫자라 하셨어. '독립'이라니! 얼핏 보면 굉장히 자유로울 거라는 느낌이 들지? 꼭 그렇지는 않았어. 예를 들어, 경제적 독립의 원칙에 따라 20살 이후에 부모님에게 받은 용돈과 학비는 나중에 갚아야 할 것으로 아버지 수첩에 기록되었어.

그런데 모든 자식이 돈을 벌 수 있는 능력과 자질을 갖춘 건 아니잖아? 당장 경제적 독립을 하는 게 어려운 형제도 분명 있었지. 그래서 한 형제가 이렇게 질문했어. "능력이 없는 형제는 어떻게 합니까?" 이에 대해 아버지는 "형제 책임주의가 있다"라고 대답하셨어.

그래서 '형제 책임주의'가 세 번째 원칙이야. 단순하게 생각하면 형이 동생을 돌봐 줘야 한다는 뜻이지만, 그 의미를 좀 더 넓히면 8남매가 위아래 구분하지 않고 서로를 도와주면서 똘똘 뭉쳐 살아 나가라는 뜻이었어. 그렇게 서로를 책임지다 보면 아무리 힘든 일이 생겨도 걱정할 일이 없게 돼.

나는 형제 책임주의가 맘에 들어. 나에게 든든한 형제자매가 있다는 사실만으로도 위로와 격려를 받는 느낌이 들거든. 4·3 이야기를 하는 이 순간에 나는 너희들이 내 형제자매처럼 느껴져. '형제자매의 관계'를 '다른 사람과의 관계'로 그 개념을 확장하면 우리는 다툴 일도 없고 서로 아끼며 돕고 싶은 마음만 생길 거야.

아버지가 남겨 주신 유산

우리는 각자에게 정해진 진로대로 주말에 제각각 다른 일을 했어. 나는 밭에 가는 걸 좋아해서 농부로 진로가 정해졌어. 그래서 주말마다 밭에 가 즐겁게 일했어. 내 동생이 나아갈 길은 경찰로 정해졌어. 아버지는 마을에서 분쟁이 일어나면 동생을 보냈어. 동생은 일종의 실습을 한 셈이지. 요리사로 진로를 정한 언니는 매주 새롭고 맛있는 요리를 개발했어. 의료인이나 법률가로 진로를 정한 형제들은 도서관으로 가서 열심히 공부했어.

주말 저녁이면 우리 집에서는 8남매가 모여 각자 탐색한 직업의 세계를 이야기하는 풍경이 펼쳐졌어. 언젠가 나는 아버지에게 여쭤 보았어. "저는 언제 요리를 배웁니까?"라고. 아버지는 내게 요리는 배우지 않아도 된다고 했어. 형제 책임주의가 있으니 평생 형제들이 각자의 영역에서 서로 도와줄 것이라고 하셨어.

이렇게 청소년기를 보내던 중에 아버지가 갑자기 우리 곁을 떠나셨어. 어느 날 새벽, 밭에 가시던 중에 교통사고를 당하셨어. 휴가를 나온 군인이 무면허 음주운전을 했고 아버지는 그 자리에서 돌아가셨어. 58세의 나이였어. 어머니는 다시 홀로 되셨어. 물론 8남매가 있었지만.

8남매는 아버지가 돌아가신 후 한자리에 모여 아버지의 유산에 관해 깊은 이야기를 나누었어. 아버지가 남겨 주신 유산은 매우 컸어. 그러니 이야기할 추억거리도 많았지. 그날 형제들이 앞다퉈 아버지와의 좋은 추억에 대해 말했어. 나는 아버지가 1년에 한 번씩 학교에 다녀갔던 학창시절을 떠올렸어. 아버지는 학교에 오셔서 운동장 한가운데서 내 이름을 불렀어.

내가 운동장으로 나가서 아버지를 맞이하면 아버지는 담임선생님을 찾아뵈었어. 선생님과 무슨 말씀을 나누셨는지는 자세히 모르지만 분명한 것은 그 기억이 참 좋았다는 거야.

아버지는 아마 8남매에게 한여름의 시원한 나무 그늘이거나 또는 거친 비바람에도 견딜 수 있는 버팀목이셨던 것 같아. 그걸 자녀들이 느낄 수 있도록 했던 것 같아. 형제자매들이 지금까지도 하는 말이 있어. "우리가 형제자매로 만나지 않았다면 어땠을까? 그런 상상만 해도 너무나 슬퍼."

아버지가 남긴 물질적인 유산은 적지만, 우린 헤아릴 수 없을 만큼 값진 유산을 받았다고 여기고 있어. 그건 자급자족하겠다는 의지, 20살이 되면 독립해 자기 삶에 책임을 지겠다는 마음, 그리고 어려운 일이 있을 때 서로 위로하고 도와준다는 형제 책임주의야. 너희들도 친형제 친남매는 아니지만, 마음먹기에 따라 얼마든지 형제자매가 될 수 있을 거야.

2) 헤어진 가족을 만나다

드디어 나타난 남매의 아버지

어느덧 할머니와 할아버지가 된 소녀와 소년은 50년가량 지난 후에야 아버지의 소식을 듣게 되었어. 남매의 아버지, 그러니까 나의 외할아버지는 지금껏 어디에 계셨던 것일까?

1999년에 〈수형인 명부〉라는 정부 문서가 발굴되었어. 〈수형인 명부〉는 형무소(현재 교도소)에 갇힌 사람들의 이름을 기록한 문서인데, 그 안에 외할아버지 이름도 있었어. 피신 중에 붙잡힌 외할아버지가 서울의 마포형무소로 끌려가 감금됐던 사실이 그 문서를 통해 확인된 거야.

외할아버지는 군인들이 집에 불을 지르며 사람들에게 마구 총질을 하니까 피신했을 뿐인데, 어처구니없게도 〈수형인 명부〉에는 '무기징역'이라는 어마어마한 형량이 적혀 있었어. 외할아버지는 마포형무소에 감금돼 있던 중 6·25전쟁 때 행방불명되었어. 이런 어이없는 일을 당한 사람은 외할아버지뿐만이 아니야. 〈수형인 명부〉에는 무려 2530명의 이름이 적혀 있어. 모두 군사재판을 받았다는 거야. 이들은 형무소로 끌려간 후 지금까지 대부분 집으로 돌아오지 못했어.

그런데 이 군사재판이 정상적인 법적 절차도 밟지 않은 엉터리라는 사실은 이미 2003년에 확정된 정부의 〈진상조사보고서〉를 통해 확인되었어. 〈수형인 명부〉는 1948년 12월과 1949년 6~7월 등 두 차례에 걸쳐 마치 열렸던 것처럼 허위로 작성된 문서야.

1948년 12월은 제주도에 계엄령을 선포한 때라서 민간인에 대해서도 군사재판을 했는데, 단 한 명의 예외도 없이 일제 형법 제77조 '내란죄'를 적용했어. 정상적인 절차 없는 허구의 재판이야.

제1차 군사재판의 근거가 된 '4·3계엄령'은 헌법의 규정과 달리 계엄법도 제정되지 않은 상태에서 선포되었어. 헌법 제64조는 "대통령은 법률의 정하는 바에 의하여 계엄을 선포한다"라고 규정하고 있어. 그러나 '4·3계엄령'이 선포될 당시 해당 법률인 '계엄법'은 제정되지도 않은 상태였어. 계엄법은 4·3계엄령이 선포됐던 1948년 11월 17일보다 무려 1년이나 지난 후인 1949년 11월 24일에야 비로소 제정됐어(법률 제69호). 따라서 '4·3계엄령'은 헌법을 위반한 것이야.

제2차 군사재판은 1949년 6~7월에 열린 것처럼 〈수형인 명부〉에 기재돼 있는데, 이때 끌려간 사람들은 1948년 11월 17일에 계엄령이 선포돼 무차별 학살극이 벌어지니까 목숨을 구하기 위해 피난했던 사람들이야. 살을 에는 듯이 추운 겨울 한라산 기슭에 숨어 추위와 굶주림에 시달리다가 1949년 3월경 "산에서 내려오면 살려 주겠다"는 토벌대의 삐라를 보고 내려온 피난민들이었어. 바로 우리 외할아버지와 같은 사람들이지. 그러나 살려 주겠다는 약속과 달리 총살하거나 전국 각지의 형무소로 보낸 거야.

그런데 제2차 군사재판 시기인 1949년 6~7월은 계엄령이 해제된 때라 민간인에게 군사재판을 할 수 없었지만 무리하게 '국방경비법'을 적용했어. 국방경비법은 기본적으로 군인을 대상으로 한 법인데도, 제32조(이적죄)와 제33조(간첩죄)를 적용해 군사재판을 한 거야. 이적죄란 적을 이롭게 한 죄라는 뜻이야.

학살극이 무서워 한라산으로 도망쳤다가 내려온 피난민들에게 느닷없이 '이적죄'와 '간첩죄' 혐의를 씌워 군사재판을 한 것도 문제지만, 국방경비법 자체가 법을 제정한 주체도 없고 법률 호수도 없는 엉터리 법이야. 법이라고도 할 수 없지. 또한 설령 계엄령이 합법적으로 선포된 것이고 국방경비법이 실제로 제정된 법률이라고 가정하더라도, 당시 열렸다는 군사재판은 정상적인 절차를 밟지 않았어. 재판다운 재판이 없었다는 거지. 그러니 당연히 판결문도 존재하지 않아.

엉터리 군사재판으로 형무소에 감금되고 또 학살

구사일생으로 살아 돌아온 수형인들이나 심지어 수형인들을 전국 각지의 형무소로 데리고 갔던 경찰 출신들조차 "형무소에 도착한 후 형무소장이 형량을 알려 주었다"고 한목소리로

제주4·3평화공원 안에 4천 기가량 세워진 '행불인 표석' 군락 전경. ⓒ김기삼

증언했어. '형량'이란 몇 년 동안 징역살이를 해야 하는지 그 기간을 말하는 것인데, 그것은 오직 법정에서 판사만이 정할 수 있는 거야.

군사재판이 정상적으로 열리지 않았다는 증언은 피해자들의 일방적 주장이 아니야. 제1차 군사재판이 열렸다는 1948년 12월 당시 제주 주둔 제9연대 부연대장(국방부장관 역임)은 "군사재판을 열었던 기억이 없다"라고 증언했고, 제9연대 군수 참모도 "군사재판에 대해 모른다"고 4·3위원회에 증언했어. 제2차 군사재판 당시 제주 주둔군 간부도 같은 증언을 했어. 무려 2530명을 군사재판 했다고 적혀 있는데, 주둔군 핵심 간부들조차 모른다고 하는 건 군사재판이 실제로는 열리지 않았다는 사실을 분명하게 증명해 주는 거지.

또한 10년형이든 15년형이든 형기를 다 채우면 풀어 줘야 하잖아? 그러나 이승만 정권은 6·25전쟁이 발발한 직후 수형인들을 학살했어.

최근에 군사재판에 대한 재심이 제주지방법원에서 계속 열리고 있어. '재심'이란 다시 재판을 하는 거야. 2019년부터 모두 '무죄 선고'를 받고 있어. 판결문조차 없는 엉터리 군사재판이라 재심에서 무죄 판결을 받는 것은 당연한 결과야.

처음엔 형무소에 갇혔다가 천만다행으로 살아 돌아온 수형

인 또는 유족들이 변호사를 선임해 재심을 청구했는데, 2021
년 개정된 4·3특별법에 따라 이젠 검사가 직접 재심을 청구해
서 판사에게 '무죄를 선고해 달라'고 하고 있어. 70여 년이라는
너무나 오랜 세월이 흘렀지만, 그래도 뒤늦게나마 정의가 바로
서고 있는 건 다행스러운 일이야.

4장
·
악의 평범성 vs 선의 시민성

4·3의 비극은 자기와 생각이 다른 사람들을 배제하고 심지어 제거하겠다는 폭력적인 생각에서 비롯되었어. '악의 유전자'를 타고난 특별한 사람뿐만 아니라 평범한 사람들도 그런 생각을 했던 것 같아. 나쁜 짓이라는 걸 알면서 남의 목숨을 앗아 간 사람도 있지만, 자신들의 악행이 애국하는 것이라고 생각한 사람도 있었던 듯해. 제주도민을 학살한 군인과 경찰 또는 서북청년회 단원 중에는 자기들이 나라를 구하기 위해 목숨 바쳐 싸운다고 착각했던 자들도 있었던 거야.

　'국가와 사회'가 항상 올바른 길로 가는 건 아닌 듯해. 역사를 살펴보면, 어떤 집단에 속한 사람 대부분이 잘못된 판단을 하고 그릇된 행동을 할 때가 있어. 그 집단이 작은 조직이 아니라 국가 또는 사회처럼 거대한 집단이라면, 그 안에 있는 한 개인은 집단의 분위기에 휩쓸리기 쉽겠지.

반면 그런 집단의 분위기에 휩쓸리지 않고 용기 있는 행동을 하는 사람도 있어. 그들도 분명 알고 있었어. 아무리 정의롭고 당연한 말이어도 그 말을 입 밖에 내는 순간 자신의 목숨이 위험하리라는 것을 말이야. 하지만 그들은 소중한 자신의 목숨을 다른 사람 살리는 일에 내놓았어.

같은 상황에서 정반대의 결정을 내린 사람들, 그리고 그 결정으로 인해 달라지는 역사를 나는 4·3에서 보게 되었어. 그 이야기를 나눠 보자.

1) 성찰 없는 왜곡된 '애국심'

이승만 대통령과 미군, 제주도민 희생에 가장 큰 책임

군과 경찰이 수많은 제주도 주민을 학살한 것에 대한 가장 큰 책임은 이승만 대통령과 미군에게 있어. 이승만 대통령은 군 통수권자이기 때문이고, 미군은 대한민국 군·경에 대한 작전통제권을 갖고 있었기 때문이야. 미군은 미군정이 끝나고 대한민국 정부가 수립된 후에도 군사고문단을 만들어 작전통제권을 행사했어.

미군정이 끝났는데 왜 미군이 작전통제권을 계속 갖게 되었을까? 미군 군사고문단은 또 뭐지? 여기서 잠시, 해방됐을 때부터 제주도에서 초토화작전이 벌어질 무렵까지의 역사를 살펴보자. 한눈에 알아볼 수 있게 주요한 내용들을 표로 정리해 보았어.

1948년 8월 15일 대한민국 정부가 수립됨으로써 미군정은 3년 만에 끝나게 돼. 초대 대통령인 이승만은 군 통수권자야. '통수권'이란 나라 전체의 병력을 지휘하고 통솔하는 권력인데, 대통령이 그 권력을 갖게 되는 거야. 그러니까 대통령은 군대의 최고 지휘권자이지.

그런데 대한민국 정부 수립 직후인 8월 24일 이승만 대통령과 주한미군사령관인 하지 중장이 군사협정을 맺었는데, 이 군사협정의 핵심 내용은 미군이 계속 작전통제권을 갖는다는 거였어. 협정에 따라 미군은 '군사고문단'을 조직했고, 이 군사고문단을 통해 우리나라의 군과 경찰을 지휘한 거야.

물론 미 군사고문단이 일일이 지휘하진 못했을 거야. 군사고문단의 인원수가 대한민국 군·경의 작전에 대해 사사건건 지휘할 만큼 충분하지 않기 때문이야. 하지만 군과 경찰의 중

날짜	제주도 및 국내외 상황
1945. 8. 15	일본의 무조건 항복으로 제2차 세계대전이 끝나고 우리 민족은 일제로부터 해방
1945. 9. 7	태평양지구 연합군 사령관인 맥아더 장군, "한반도의 38도선 이남 지역을 점령하겠다"는 내용의 포고문 발표 (북한 지역은 이미 소련군이 점령함)
1945. 9. 8	미군, 인천을 통해 한반도에 들어옴. 이튿날인 9월 9일 서울로 가서 일본군으로부터 항복문서에 서명 받음. 이때부터 미군이 남한 지역을 직접 통치하는 '미군정'이 실시됨
1947. 3. 1	3·1절 기념식 날 경찰의 무분별한 발포로 제주도 주민 6명이 사망한 '3·1절 발포사건' 발생
1947. 3. 10	3·1절 발포사건에 항의하는 '3·10총파업'이 벌어짐. 이에 대해 미군정은 느닷없이 제주도를 '공산주의 섬'(Red Island)이라고 규정하면서 1년 동안 2500명을 잡아들이며 탄압
1948. 3.	미군정 경찰에게 끌려가 고문당하던 주민이 사망하는 '고문치사 사건'이 잇따라 3건 발생
1948. 4. 3	제주도민 약 350명으로 구성된 무장 조직이 경찰지서를 습격하는 '4·3무장봉기' 발생
1948. 5. 10	국회의원 선거인 '5·10총선거' 실시. 제주도 3개 지역구 중 2곳은 투표수 과반수 미달로 무효화 됨
1948. 5. 20	미군정, 브라운 대령을 제주에 파견해 진압작전을 직접 지휘하게 함
1948. 8. 15	'대한민국 정부'가 수립됨에 따라 '미군정'이 끝남
1948. 8. 24	대통령(이승만)과 주한미군사령관(하지 중장) 사이에 맺은 군사협정에 따라 대한민국 군과 경찰에 대한 지휘권(작전통제권)은 미군이 계속 보유하게 됨
1948. 8. 26	미군 임시군사고문단이 조직돼 대한민국 군·경에 대한 작전통제권을 행사함
1948. 9. 9	북한 지역에도 정부('조선민주주의인민공화국')가 수립됨
1948. 10. 17	제주 주둔 제9연대장, "해안선에서 5km 이외 지역에 대한 통행금지함. 이를 어길 때에는 이유 여하를 따지지 않고 총살하겠다"는 포고령 발포
1948. 11. 17	이승만 대통령, 헌법을 위반한 채 법적 근거도 없이 제주도에 계엄령을 선포. 이때부터 약 4개월 동안 중산간 마을을 불태우고 무차별 학살하는 '초토화작전' 벌어짐

요한 작전은 미 군사고문단 단장이 지휘하고 명령했어. 참고로 말하자면, 지금도 우리나라의 '전시 작전통제권'을 미군이 갖고 있는 건 알고 있지? 즉, 전쟁이 벌어진다면 우리나라 군대를 지휘할 권한이 미군에게 있는 거야.

아무튼 4·3 때 군과 경찰에 대한 최고 지휘권을 갖고 있던 이승만 대통령과 미군이 무분별하게 총을 쏘지 말라고 명령했다면 제주도민의 참혹한 희생은 없었겠지. 그러나 이승만 대통령과 미군은 오히려 학살극을 부추겼어. 이승만은 4·3의 조속한 진압을 위해 국무회의 자리에서 "가혹한 방법으로 탄압하라"고 명령했어. 미군은 제주 주둔 제9연대 송요찬 연대장이 제주도의 중산간 마을을 마구잡이로 불태우고 주민들을 남녀노소 가리지 않고 학살하고 있는 것에 대해 나무라고 말리기는커녕 "대단한 지휘력을 발휘하고 있다"고 칭찬했어.

'집단 광기'에 빠진 독일, 유대인 집단학살

제2차 세계대전 때 나치 독일이 수많은 유대인을 집단 학살한 것에 관해서는 다 알고 있지? 그때 독일의 최고 지도자 히틀러뿐만 아니라 대부분의 독일 국민이 그 학살극에 동조했어. 그렇게 집단으로 미쳐 버린 분위기를 '집단 광기'라고 해. 국가와 사회가 집단 광기에 빠져 있을 때 성찰하지 못하는 개인은 아무런 양심의 가책도 없이 쉽게 악행을 저지르는 것 같아.

국가는 4·3을 공산폭동으로 규정하면서 군인과 경찰들에게 강경한 토벌작전을 명령했어. 그런데 군인과 경찰 모두가 처음부터 제주도민을 학살한 것은 아니야. 이미 1장에서 들려줬던 이야기라 기억할 테지만 다시 한 번 말해 볼게.

외지에서 파견돼 와서 제주 실정을 잘 모르는 경찰이 1947년 3·1절 기념식 날에 무분별하게 총을 쏘는 바람에 주민 6명이 사망한 사건이 발생했잖아? 그래서 이에 항의하는 3·10총파업이 벌어졌고. 그때 제주 출신 경찰도 66명이나 이 파업에 참여했어. 그러자 경찰 책임자는 파업에 참여한 경찰을 잡아들이면서 제주 출신 대신에 외지에서 온 경찰을 전면에 내세웠어. 이후 경찰은 제주 사람을 탄압하는 데 아무런 거리낌이 없었어. 그래서 무장봉기 한 달 전에는 경찰에 끌려가 고문을 받던 주민이 사망하는 고문치사 사건이 3건 잇따라 벌어졌지.

군대도 마찬가지야. 1948년 4·3무장봉기가 발발하자 제주 주둔군 책임자인 김익렬 제9연대장은 무장대 측과 평화협상을 추진했어. 그는 경찰과 서북청년회의 가혹한 탄압 때문에 무장봉기가 벌어진 것이라고 보았어. 그래서 경찰의 그릇된 행동을 통제하고 사태를 평화적으로 해결하기 위해 노력했던 거야.

그러나 미군정은 강경한 작전 지시를 따르지 않는 김익렬 연

■ 중외신보 1947년 4월 2일

제주사태 참가한 경관들 징계처분

지난 3·1절을 전후하여 제주도에서 발생한 파업사건에는 일부 경찰도 이에 가담하여 전례 없는 사태에 도달하게 되어 이에 대한 당국의 태도가 주목되던 바 1일 조(병옥) 경무부장은 이들을 징계처분 하였다고 다음과 같은 담화를 발표하였다. (중략) 단호 징계처분을 하게 되었다. 그리고 그중 경위 1명, 순경 1명은 포고 제2호 위반혐의로 목하 취조 중에 있다.

(1) 제주경찰청 본청 경사 4명, 순경 6명.

(2) 제1구경찰서 경사 3명, 순경 39명, 제2구경찰서 경위 1명, 경사 1명, 순경 12명

(같은 기사 경향신문·독립신보·제주신보·조선일보·서울신문 1947. 4. 2)

3·1절 발포사건에 대한 항의로 벌어진 총파업 때 경찰도 66명이 파업에 동참한 사실을 보여 주는 신문 기사.

대장을 해임하고 자신들의 명령을 잘 따를 사람을 후임자로 임명했어. 미군정은 평화적 해결보다는 무리해서라도 서둘러 진압해야 한다는 조급한 마음을 갖고 있었던 거지. 새로운 연대장은 미군의 명령대로 강경한 토벌작전을 벌였어. 그리고 제주 출신 군인을 토벌작전에서 뺐어. 제주 출신 군인은 고향 사람에게 온정을 베풀 가능성이 있어 작전에 방해가 된다고 판단했기 때문이지.

"반공사상 투철한 서북청년회가 공산폭동 진압하라"

서북청년회 단원들의 광기는 차마 말과 글로 표현하기 어려울 지경이야. 서북청년회는 해방 후 북한 지역에서 남쪽으로 내려온 사람들이 조직한 단체야. 북한 지역에서 온 사람 중에는 훌륭한 분들도 많아. 그런데 일부 무지하고 난폭한 사람들이 서북청년회라는 단체를 만들어 온갖 횡포를 저질렀어. 이들도 어쩌면 본래 나쁜 사람이 아닐 수도 있어. 해방 직후 한반도가 미군과 소련군에 의해 분할 점령되지 않았더라면, 그래서 북한 지역에서 쫓겨 내려오지 않았더라면, 사람은커녕 평생 짐승 한 마리도 죽이지 않았을지 몰라.

북한은 공산주의 체제를 채택하면서 땅을 많이 가지고 있는 지주에게서 땅을 강제로 빼앗아 땅이 없는 사람들에게 나누어 주었어. 지주에게 땅값을 주지도 않았어. 또한 친일파 민족반역자들을 엄격하게 처벌했어. 이때 남쪽으로 쫓겨 온 친일파들은 엄청 화가 났겠지? 특히 땅을 빼앗긴 지주들이 얼마나 분노했을지 충분히 짐작할 수 있겠지? 이들은 '공산주의'라는 말만 들어도 치를 떨었겠지? 이승만 대통령은 이들에게 "제주에서 공산폭동이 발생했으니 반공사상이 투철한 서북청년회 단원들이 가서 진압해야 한다"고 선동했어.

그 결과 서북청년회 단원들은 믿기지 않을 정도로 잔혹한 짓을 벌였어. 이들에게 제주 사람은 '빨갱이'였어. 빨갱이란 공산주의자를 경멸하는 표현이야. 이들은 같은 사람을 죽인 게 아니라 빨갱이를 없앤 것이라고 자신들의 악행을 정당화한 것 같아. 이들에게 빨갱이는 사람이 아니라 '없애 버려야 마땅한 악마'인 거지. 물론 서북청년회 단원들의 심정과 처지를 이해하더라도 그들의 죄는 용서받기 어려워.

결국 군인과 경찰 그리고 서북청년회 단원은 최고 권력자로부터 무자비한 초토화작전을 하라는 명령을 받았고, 이들은 부당한 명령에 복종한 거야.

학살 명령에 무조건 복종했던 군과 경찰

군과 경찰은 상관의 명령에 복종해야 하는 집단이야. 외적이 우리나라를 침략해 전쟁이 벌어진다면 군인들은 지휘관의 명령에 따라 일사불란하게 행동해야겠지? 치안을 맡고 있는 경찰도 마찬가지겠지? 만일 명령을 따르지 않고 각자 제멋대로 행동한다면 어떻게 되겠니? 따라서 군과 경찰이 명령에 복종하는 건 당연해.

그렇지만 4·3 때 초토화작전 명령을 따른 것은 아주 잘못한 거야. 씻을 수 없는 죄를 지은 거야. 아무리 명령에 복종해야 하는 집단이라지만 부당한 명령에 대해서는 거부해야 마땅한 거야. 전쟁 때라고 해도 사람들이 살고 있는 마을을 모두 불태우고 민간인을 마구잡이로 죽이는 것은 중대한 범죄야.

4·3 때 낮은 계급의 평범한 군인과 경찰, 그리고 서북청년회 단원은 상관의 지시에 무조건 복종했어. 높은 계급인 제주 주둔군 사령관이나 경찰 책임자도 자기보다 더 높은 곳에 있는 최고 명령권자, 즉 이승만 대통령과 미군의 명령에 복종함으로써 범죄에 가담했어. 집단 광기에 빠져 있었기 때문에 아무런 죄의식도 느끼지 못했던 것 같아.

미군 사령관도 마찬가지야. 5·10총선거가 무산된 직후 제주에 와서 진압 작전을 직접 지휘했던 브라운 대령은 '억압 때문에 민심이 폭발한 것이므로 그 원인을 치유해야 사태가 해결될 것'이라는 언론의 지적에 대해 "원인에는 흥미 없다, 나의 사명은 진압뿐"이라면서 강경 작전을 벌였어. 그 역시 스스로 성찰하지 않고 미군 최고 지휘부의 명령에 복종한 거야.

'한나 아렌트(Hannah Arendt, 1906~1975)'라는 학자를 알고 있니? 독일에서 태어나고 자란 여성인데 유대인이야. 그녀는 《예루살렘의 아이히만: 악의 평범성에 대한 보고서(Eichmann in Jerusalem: A Report on the Banality of Evil)》(1963)라는 책을 썼는데, 이 책이 2000년대 중반에 한글로 번역·출판돼(김선욱 옮김, 한길사, 2006) 우리나라에서도 유명해졌어. 그리고 이 책을

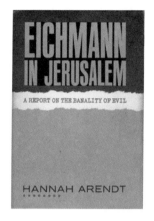

통해 '악의 평범성'이라는 말이 널리 알려졌어.

그녀는 유대인에 대한 나치의 탄압이 심해지자 프랑스를 거쳐 미국으로 망명했어. 책 제목에 나오는 '아이히만'은 나치의 유대인 학살을 지휘했던 사람이야. 아이히만은 제2차 세계 대전에서 독일이 패망하자 숨어 다녔지만 결국 붙잡혀 이스라엘로 끌려 와 재판을 받게 되었어. 미국에 있던 아렌트는 재판이 열리는 이스라엘의 수도 예루살렘으로 갔어. 《예루살렘의 아이히만》은 아렌트가 재판을 보며 느낀 것에 관해 쓴 책이야.

아렌트는 아이히만이 얼마나 악독한 사람이길래 그토록 많은 유대인을 학살한 것인지 궁금했어. 그런데 아렌트의 눈에는 아이히만이 특별한 사람이 아니라 주변에서 흔히 볼 수 있는 평범한 사람이었대. 아이히만은 "나는 명령에 따랐을 뿐이며 명령은 따라야 하는 것"이라고 주장했어. 아이히만에게 명령한 사람은 나치 독일의 최고 지휘자인 히틀러겠지.

아렌트는 아이히만을 보면서 성찰과 비판적 사고를 하지 않은 채 무조건 명령에 복종한다면 누구나 아이히만처럼 악행을 저지를 수 있다고 생각했어. 그리고 이런 생각을 '악의 평범성'이라고 표현했어.

아렌트의 생각에 동의하지 않을 수도 있어. 어쩌면 아이히만은 본성이 악한 사람이라 히틀러의 명령을 받지 않았어도 악행을 저지를 사람이었을지도 몰라. "명령에 따랐을 뿐"이라고 하는 건 책임을 모면하기 위한 변명일 수도 있어. 그렇지만 '악의 평범성'이라는 표현에 공감하는 사람들이 꽤 있어. 그건 아마도 누구나 자기 마음속에 선과 악이 함께 있다는 것을 느끼고 있기 때문일 거야. 비록 착한 생각이 나쁜 생각을 누르고 있지만, 마음 한구석에 숨어 있는 나쁜 생각이 보이기 때문일 거야.

'스탠퍼드 감옥 실험'과 '복종 실험'

아렌트의 생각을 뒷받침하는 유명한 두 가지 실험이 있어. 하나는 '스탠퍼드 감옥 실험'이고, 다른 하나는 '복종 실험'이야. 이 두 가지 실험 내용은 영화화되었어. 언젠가 이 영화들을 볼 기회가 있을 거야.

'스탠퍼드 감옥 실험'은 미국 스탠퍼드대학교에서 했던 실험이야. 이 대학교의 필립 짐바르도 교수는 실험을 위해 대학생을 모집했어. 실험에 참여하면 약간의 돈을 준다는 말에 용돈이 필요했던 평범한 학생들이 모였어. 짐바르도 교수는 학생들을 두 집단으로 나누어 가짜 감옥에 들어가도록 했어. 한 집단에는 교도관 역할을 맡겼고, 다른 집단에는 죄수 역할을 맡겼어. 그런데 교도관 역할을 맡은 학생들이 실험이라는 사실도 잊은 채 진짜 교도관이 된 듯이 죄수 역할을 하는 학생들에게 가혹행위를 했어. 실험이 중단될 정도로 과격한 폭력이 벌어졌어.

'복종 실험'은 미국 예일대학교의 스탠리 밀그램 교수가 했던 실험이야. 밀그램 교수는 평범한 사람들이 단지 명령을 따른다는 이유로 다른 사람에게 어떤 수준까지 고통을 줄 수 있는지 알아보려고 했어. 실험에 참여한 사람들에게는 '학습에 대한 처벌 효과'를 알아보기 위한 것이라고 거짓으로 말했어. 참가자들은 교사 역할을 맡았는데 학생 역할을 맡은 사람에게 문제를 낸 후 정답을 말하지 못하면 전기충격기로 고통을 주라는 지시를 받았어. 학생이 계속 틀린 답을 하면 전기충격기의 강도를 점점 더 높이라는 지시도 받았어. 물론 전기충격기는 가짜이고 학생 역할을 맡은 사람은 실험 참가자가 아니라 배우였어. 그는 진짜인 것처럼 비명을 지르며 고통을 호소하거나 심지어 기절한 척하기도 했어. 그런데 놀랍게도 참가자의 절반 이상이 타인의 고통을 외면한 채 전기충격기를 최고 단계까지 올리며 지시에 복종했어.

이런 실험들은 특별히 본성이 나쁜 사람만 악행을 저지르는 게 아니라는 것을 지적하고 있어. 평범한 사람들도 스스로 성찰하지 않고 무조건 권력과 권위에 복종한다면 악행을 저지를 수도 있다는 거지.

나치 독일의 전쟁 범죄에 가담한 사람들

앞에서 말했듯이, 제2차 세계대전 당시 나치 독일은 유대인은 물론이고 같은 독일인일지라도 장애인 등 사회적 약자들을 학살했어. 그런데 그러한 범죄 행위는 히틀러와 소수의 추종자뿐만 아니라 집단 광기에 휩쓸린 대중의 협력이 있었기에 가능한 일이었어.

어떻게 독일은 집단 광기에 빠지게 되었을까? 그건 외부의 영향도 내부의 문제도 아니었어. 대중이 히틀러의 선동에 동조해 적극적으로 가담했기 때문이야. 또는 다른 사람의 고통에 대해 침묵했기 때문이야.

범죄가 벌어지고 있는데 이를 모른 척하며 침묵하는 건 결과적으로 범죄에 가담하는 것과 마찬가지라고 할 수 있어. 미국의 언론인 밀턴 마이어(Milton Mayer, 1908~1986)는 바로 이점을 중요하게 보았어. 그는 제2차 세계대전이 끝난 지 7년 후독일에 가서 평범한 사람들 10명을 인터뷰하여《그들은 자신들이 자유롭다고 생각했다(They Thought They Were Free: The Germans 1933-45)》(1955)라는 책을 썼어(국내 번역본은 박중서 옮김, 갈라파고스, 2014). 밀턴 마이어가 인터뷰한 사람은 재단사, 학생, 목수, 판매원, 하급 경찰, 빵집 주인, 수금원, 은행원 등 평범한 사람들이었어. 그는 이처럼 평범한 사람들의 침묵이 나치 범죄의 배경이라는 결론을 내렸어. 당시 독일 인구는 7000만 명이었는데, 그중 히틀러와 나치당에 적극적으로 가담한 사람은 100만 명뿐이었대. 결국 나머지 6900만 명이 동조하거나 침묵했기 때문에 비극이 벌어진 거야.

2) 끝끝내 정의와 선을 추구한 사람들

집단 속에 숨어 버린 개인의 잘못

나치의 유대인 학살을 주도한 아돌프 아이히만이 특별한 사람이 아니라 우리 주변에서 흔히 볼 수 있는 평범한 사람이었다는 한나 아렌트의 주장은 맞는 건가? 그녀가 만들어 낸 '악의 평범성'이라는 표현이 맞는 건가? 본래 성품이 포악한 사람이라 그런 건 아닐까? 부당한 명령임을 알면서도 누구나 명령에 복종해 학살을 하는 건 아니지 않나? 이런 의문이 들지 않니?

4·3 때 김익렬 연대장과 문형순 경찰서장은 타인의 생명을 구하기 위해 부당한 명령을 거부했어. 그래서 한나 아렌트의 주장이 틀릴지도 몰라.

'악의 평범성'이라는 말을 오해해선 안 될 것 같아. 그리고 나치에 동조한 독일인 대다수가 나쁜 짓을 한 것이 아니라 무심코 히틀러의 선동에 넘어갔던 죄 없는 사람이라는 식으로 생각해도 안 될 듯해. 그렇지 않으면 개인은 집단 속에 숨어 버려서 그가 어떤 잘못을 해도 책임을 물을 수 없게 되겠지? 모든 범죄는 국가와 사회의 잘못된 분위기 때문에 벌어진 것이 될 테니까.

한나 아렌트가 말한 '악의 평범성'이 그런 뜻은 아닐 거야. 성찰과 비판적 사고를 하지 않은 채 무조건 권력과 권위에 복종한다면 평범한 사람이라도 악행을 저지를 가능성이 있다는 뜻으로 말한 걸 거야. 그래서 늘 깨어 있으면서 언제나 성찰하라고 충고한 거라고 봐야 할 거야. 그렇게 이해하면 될 것 같아.

국가와 사회가 집단 광기에 빠져 있을 땐 개인이 잘못된 판단과 행동을 하기 쉽겠지? 특히 전쟁 때처럼 큰 혼란 속에서는 더욱 그럴 거야. 그러나, 비록 소수이긴 하지만 극한상황 속에서도 인간애를 보여 준 사람들이 있어. 자기 목숨이 위태로운 상황에서도 다른 사람의 소중한 생명을 구하기 위해 위험을 무릅쓴 사람들이 있어. '악의 평범성'이라는 말과는 전혀 어울리지 않는 분들이야. 이제 끝끝내 정의와 선을 추구했던 분들을 소개해 줄게.

미군의 초토화작전 명령 거부한 김익렬 연대장

4·3무장봉기 초기에 제주 주둔군 책임자인 제9연대 김익렬 연대장이 사태를 해결하기 위해 무장세력과 협상을 했다는 이야기 기억하고 있지? 미군은 그에게 초토화작전을 명령했어. 그러나 그는 군인의 사명은 외적의 침입에 맞서 국민의 생명과 나라를 지키는 것이므로 동족을 살해하는 것은 말도 안 되는 짓이라고 판단했어. 특히 초토화작전은 이민족에게도 자행하지 못할 야만적인 불법행위라고 보았어.

그는 당시 미군이 자신을 어떻게 유혹했는지, 그리고 자신은 어떤 소신으로 미군의 초토화작전 명령을 거부했는지 회고록을 통해 다음과 같이 기록했어.

자기의 말만 들으면 출세도 하고 부(富)도 누릴 수 있는 일생일대의 기회가 올 텐데 고집만 부린다고 말했다. 인간은 뭐니 뭐니 해도 출세하고 부를 누리고 싶은 욕망이 있는 법이며 자기가 목적하는 행복과 이상을 달성하기 위해서도 출세와 돈이 필수적이라는 것을 여러 차례 반복하여 설득하려고 했다. 내가 초토작전을 감행하여 임무를 완료한 후 민족주의자들로부터 미움을 받아 한국에서 살기 어렵게 된다면 나의 가족과 친척을 데리고 미국에 이민 가 살도록 해 준다고도 했다. 미국은 황금만 있으면 모든 행복을 다 누릴 수 있는 곳이라는 설명도 덧붙였다. 그러면서 미국 생활을 소개하는 각종 잡지를 꺼내 보여 주었다. 처음에는 5만 달러를 주겠다고 했다가 또 10만 달러를 주겠다고 하더니 나중에는 얼마가 필요하냐고 마치 어린아이 달래듯 하는 것이었다. 요점은 민족반역자 노릇을 하고 10만 달러를 챙기고 미국으로 도망가라는 것이다.

－김익렬, 〈4·3의 진실〉, 《4·3은 말한다》 ②(제민일보 4·3취재반, 전예원, 1994)

미군은 김익렬 연대장이 초토화작전을 끝내 거부하자 그를 해임했어. 갑자기 군대에서 쫓아낸 거야. 미군이 유혹한 것처럼 만일 그가 미군의 명령을 따랐다면 출세를 하고 돈도 벌었겠지. 그러나 그는 자신의 양심을 따랐어. 다행히 김익렬 연대장은 그 후 복직했고, 6·25전쟁 때 공을 많이 세워 제대할 때 그의 계급은 별이 3개인 중장이었어.

나는 가끔 김익렬 연대장의 회고록을 읽어. 특히 "정의는 항상 고독한 것이며 깊은 신념을 가진 용감한 자만이 실행할 수 있다. 신념을 가졌더라도 비겁한 자는 입으로만 주장한다. 그들은 위선자다"라는 내용을 읽다 보면 '나는 지금 어떻게 살고 있지?'라고 반문하게 돼. 그 부분을 들려줄게.

> 제주도에서 동족에게 자행한 초토작전의 만행을 민족적 양심에서 절대로 용서할 수 없다. 이 기록이 세상에 발표될 때는 나는 이미 이 세상 사람이 아닐 것이다. 내가 죽고 또 얼마나 세월이 흘러 이 글이 빛을 보게 될지 모르지마는, 이 국토에 여하한 형태의 정부가 서든지 여하한 정당이 영도하는 정권하에서든지 한국 민족의 정부라면 이들로 하여금 역사의 비판을 받게 하여 이 국토에 다시는 이런 천인공노할 일이 일어나지 않도록 하라고 후손들에게 유언한다.
>
> 악인들도 무리가 많으면 역사에 행세하는 수가 있다. 그리고 자신의 소행을 정당하다고 주장하고 정의라는 미명으로 위장할 수도 있다. 그러나 정의는 항상 고독한 것이며 깊은 신념을 가진 용감한 자만이 실행할 수 있다. 신념을 가졌더라도 비겁한 자는 입으로만 주장한다. 그들은 위선자다.
>
> ―위의 책

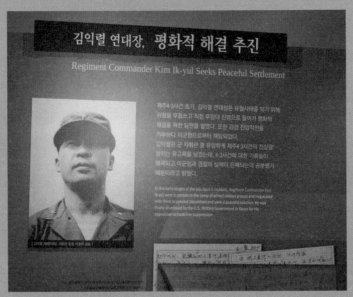

제주4·3평화기념관에 전시된 김익렬 연대장에 대한 소개와 그가 원고지에 쓴 회고록.

왜 주민들이 '경찰서장 공덕비'를 세웠을까?

제주도 모슬포라는 곳에는 모슬포경찰서장을 역임했던 '문형순 서장 공덕비'가 세워져 있어. 4·3 때 무고한 많은 사람들이 경찰에 의해 목숨을 잃었는데, 왜 모슬포 지역주민들이 경찰서장의 공덕비를 세웠는지 궁금하지 않니?

문형순 경찰서장이 모슬포에서 근무하던 때인 1948년 12월경 지역주민 100여 명이 희생될 위기에 처했어. 토벌대가 무장대에게 협조한 사람들의 명단을 발견했다며 명단 속에 이름이 적혀 있는 사람들을 끌고 온 거였어. 당시엔 무장대가 "식량을 달라"고 하면 줄 수밖에 없는 상황이었지만, 서북청년회 단원들은 '무장대에게 식량을 제공한 죄'를 묻겠다며 끌려 온 주민들을 취조하려고 했어.

문형순 서장은 무장대의 강요에 못 이겨 식량을 줬다는 이유만으로 사람을 죽일 순 없다고 판단했어. 그렇지만 서북청년회 단원들로부터 가혹한 고문을 받게 되면 식량 제공뿐만 아니라 하지 않은 일도 했다고 할 수밖에 없기 때문에 문형순 서장은 서북청년회 단원들을 물리쳤어. 그러고는 끌려 온 주민들이 스스로 자술서를 쓰게 했어. 주민들은 서로 의논하면서 죄를 묻기 어려운 내용만으로 자술서를 쓸 수 있었어.

며칠 후 주민들은 다시 계엄사령부로 불려갔지만, 자술서를 본 군인들은 "시시하다, 별 내용이 없다"며 주민들을 전부 돌려보냈어. 문 서장의 지혜로운 판단이 100여 명의 주민들을 구했던 것이지. 그래서 문형순 경찰서장 덕분에 목숨을 구한 모슬포 주민들이 그 덕을 기리기 위해 마을 어귀에 '공덕비'를 세워 그를 추모하고 있는 거야.

1950년이 되자 사태가 완화되고 4·3 학살극이 잦아들었어. 제주도민들은 '이제 더 이상 희생은 없겠지!'라고 생각하면서 초토화작전으로 무너져 버린 삶을 회복하기 위해 노력하고 있었어. 그러나 곧 6·25전쟁이 발발하자 제주도내 4개 경찰서, 즉 제주·서귀포·성산포·모슬포 경찰서에 예비검속을 당한 사람들이 수백 명씩 감금되는 사태가 벌어졌어.

1장에서도 설명했지만, '예비검속'이란 아직 어떤 범죄를 저지르지 않았음에도 그럴 가능성이 있다고 멋대로 판단해 사람들을 구금하는 것을 뜻해. 일제강점기 때에는 그런 악법이 있었어. 이 악법은 해방 직후 폐지됐지만 6·25전쟁 직후 불법적으로 재현되었어.

그런데 마침 이때 성산포경찰서 서장이 문형순이었어. 모슬포경찰서장이던 문형순이 6·25전쟁 전에 성산포경찰서장으로 자리를 옮겼던 거야.

1950년 6월 25일 오후 3시경, 내무부 치안국장은 각도의 경

문형순(文亨淳)경찰서장 像
1897. 2. 7.~1966. 6. 20.

제주지방경찰청 본관 앞에 놓인 문형순 서장 흉상. 그리고 지역주민들이 모슬포에
세운 그의 공덕비. ⓒ한상희

찰국장에게 〈전국 요시찰인 단속 및 전국형무소 경계의 건〉이
라는 공문을 보내 '국민보도연맹 가입자' 및 '요시찰인'에 대해
예비검속을 하도록 지시했어. 이에 제주도경찰국은 내무부 치
안국의 지시대로 4개 경찰서마다 주민들을 예비검속해 감금했
어. 검속자들은 A·B·C·D 등 네 등급으로 분류됐고, C급과 D
급에 해당하는 사람들이 대부분 총살되었어. 경찰의 불법적인
사법권 행사, 즉 등급 분류가 예비검속자 집단학살에 중요한
영향을 미친 거야. 이로써 제주도민들은 1948년 11월부터 약 4
개월간 벌어진 초토화작전 시기의 큰 희생에 이어 또다시 집단
학살을 당했어.

  그런데 다른 3개의 경찰서에서는 수백 명씩 예비검속된 사
람들이 학살당했지만, 성산포경찰서에서 희생된 사람은 6명뿐
이었어. 그것도 문형순 서장이 미처 손을 쓰기 전에 벌어진 희
생이었어. 도대체 문 서장은 어떻게 판단하고 행동했기에 이런
결과를 만들어 냈던 걸까?

  제주경찰서, 서귀포경찰서, 모슬포경찰서에 예비검속된 사
람들은 대개 1950년 8월 20일경 학살당했어. 그런데 성산포경
찰서에서만 총살 집행이 이뤄지지 않으니까 열흘 후인 8월 30
일 해병대 정보참모 김두찬 중령은 '예비구속자 총살 집행 의
뢰의 건'이라는 명령서를 성산포경찰서장에게 보내 학살을 독

촉했어.

이 명령서에는 "계엄령 실시 이후 현재까지 귀서(貴署, 성산포경찰서)에 예비구속 중인 D급 및 C급에서 총살 미 집행자에 대하여는 귀서에서 총살 집행 후 그 결과를 9월 6일까지 육군본부 정보국 제주지구 CIC(방첩대) 대장에게 보고하도록"이라고 쓰여 있었어.

"부당하므로 불이행"

그러나 문형순 경찰서장은 이 명령서 오른쪽 윗부분에 "부당(不當)하므로 불이행(不履行)"이라고 써서 명령서를 돌려보냈어. 정당하지 않은 명령이므로 따르지 않겠다고 한 거지. 그러고는 구금된 사람들을 풀어 주었어.

전쟁이 벌어져 계엄령이 선포되면 군대가 모든 것을 장악하게 돼. 행정권은 물론 사법권도 군대의 권한이 되어 민간인도 군사재판을 받게 하는 게 바로 계엄령이야. 그러니까 경찰서장이라고 해도 계엄령 아래에서 군의 명령을 거부한 것은 목숨을 건 용단이었어.

성산포경찰서에는 200여 명이 예비검속당해 감금돼 있었는데, 당시 17살이었던 강순주 씨(표선면 가시리, 2023년 현재 93세)도 그중 한 명이었어. 강순주 씨는 문형순 성산포경찰서장이 예비검속 수감자들을 풀어 주면서 "여러분은 죄가 없습니다. 각자 돌아가서 이웃과 사회를 위하여 열심히 사십시오. 이건 제가 풀어 주는 것이 아니라, 하늘의 뜻입니다"라고 했던 말을 지금도 생생하게 기억하고 있어.

문형순 서장의 정의로운 판단으로 목숨을 구한 사람은 200여 명이지만, 강순주 씨는 문 서장이 살린 사람이 4천~5천 명이라고 말하고 있어. 왜냐하면 그때 살아남은 사람들이 어느덧 할아버지 또는 증조할아버지가 되었으니 후손들까지 합하면 그 숫자가 되기 때문이라는 거야.

문형순 서장이 우리에게 남긴 유산은 무엇일까?

4·3 때 군인과 경찰 또는 서북청년회 단원들 중에는 돈을 갈취하기 위해 부잣집 아들을 잡아들이는 자들이 있었어. 그러면 그 부모는 아들을 살리기 위해 급히 돈을 마련해 가져오니까. 이렇게 목숨을 담보로 부를 축적한 자들도 있었지만, 문형순 서장은 끝까지 자신의 이름을 더럽히지 않았어. 청렴결백했던 그는 퇴직 후 남의 집 단칸방에 얹혀살면서 생계를 위해 쌀 배급소 직원 또는 극장 매표원으로 일하며 살다가 1966년 6월 20일 제주도립병원에서 쓸쓸하게 생을 마감했어.

다른 경찰서의 서장들은 군의 총살 명령에 복종했는데, 성산포경찰서 문형순 서장은 어떤 사람이기에 군의 명령을 거부할

당시의 문형순 서장(아래에서 두 번째 줄, 오른쪽에서 다섯 번째). ⓒ김종민

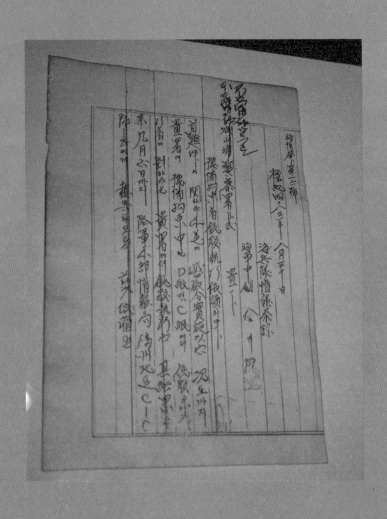

예비검속 총살 집행을 거부한다는 문서. 제주4·3평화기념관에 전시.

수 있었을까?

4·3 때 학살극을 벌였던 제주 주둔군 책임자는 대부분 일제강점기 때 군에 자원입대한 사람들이야. 그땐 군에 들어가는 게 출세의 지름길이었거든. 경찰 책임자도 일제강점기 때 고등계 경찰이었던 사람이었어. 오직 문형순 경찰서장만 신흥무관학교를 나온 독립군 출신이야. 일제에 맞서 독립을 위해 싸웠던 분이라 다른 군·경 책임자들과는 완전히 다른 판단과 행동을 했던 것 같아.

2018년 8월 대한민국은 문형순 서장을 '올해의 경찰 영웅'으로 선정했어. 같은 해 11월 1일에는 제주지방경찰청 본관 앞에 문형순 서장의 흉상이 세워졌어. 그뿐이 아니야. 서귀포경찰서는 신규 경찰 연수 때 모슬포에 있는 문형순 서장 공덕비를 참배하는 일정을 만드는 등 문 서장을 민주 경찰의 표상으로 삼고 있어.

4·3의 광풍을 몸으로 막았던 '선의 시민성'

시민에게 공통적으로 나타나는 가치관, 행동 양식, 사고방식, 기질 등의 특성을 '시민성(市民性)'이라고 해. 나는 시민성 앞에 '선(善)'이라는 글자를 붙여 '선의 시민성'이라는 표현을 하고 싶어. 사전에는 선의 뜻에 대해 '올바르고 착하여 도덕적 기준에 맞음. 또는 그런 것'이라고 쓰여 있어. '악의 평범성'도 있겠지만, '선의 시민성'도 분명 있다고 생각해.

앞에서 소개한 김익렬 연대장과 문형순 경찰서장뿐만 아니라 자기 목숨을 잃을지도 모르는 극한상황에서도 다른 사람들의 희생을 막기 위해 노력한 사람들이 있었어. 자기 생각만 한 것이 아니라 다른 사람의 입장이 되어 생각하고 행동했던 사람들이지. 누구냐고? 군인과 경찰에서부터 마을 이장에 이르기까지 다양해. 서북청년회 단원 중에도 선의 시민성을 보여 준 사람이 있었어.

4·3 때 토벌대는 마을 구장(현재의 이장)들에게 주민들의 성향을 물어 학살의 근거로 삼는 경우가 많았어. 남원읍 신흥리 김성홍 구장은 자신의 답변이 애꿎은 희생으로 이어질 게 뻔했기 때문에 토벌대의 추궁에 무조건 "모른다"고 말했어. 당시 군경의 추궁에 대해 "모른다"고 버티는 것은 목숨을 건 행동이었어. 그는 옛 학문을 많이 한 유식한 사람이었지만 무조건 모른다면서 공문도 처리하지 않았어. 그 덕분에 많은 사람들이 목숨을 구했어. 그래서 그는 '몰라구장'이라는 명예로운 별명을 얻었어.

당시 15세였던 몰라구장의 따님인 김복순 할머니가 이런 이야기를 하셨어. 할머니는 몸이 아플 때 모슬포와 서귀포 등지로 침을 맞으러 갔던 적이 종종 있었는데, 남원읍 신흥리에서 왔다는 말을 할 때마다 "그러면 혹시 몰라구장을 아느냐?"는 질문을 받으셨대. 이에 "내가 몰라구장의 딸"이라고 하면 침 시술료를 받지 않았대. 몰라구장의 미담이 신흥리와 인근 마을뿐만 아니라 먼 지역에까지 널리 전해지고 있는 거야.

경사 계급의 경찰 장성순은 새 근무지에 가자마자 "현재 마을에 남아 있는 사람들은 설령 과거에 산에 갔다 온 사람이라 하더라도 앞으로 따지거나 묻지 않겠다. 또한 다른 사람에 대해 누가 어떻다는 식의 말을 내게 하지 말라. 나는 이제부터의 일로써 모든 걸 판단하겠다"고 선언했대. 그래서 전에 식량을 제공하라는 무장대의 요구를 들어줬던 사람들은 그동안 그 사실이 밝혀져 죽임을 당할까 두려워 전전긍긍했는데, 장성순 경사의 말에 가슴을 쓸어내리며 비로소 안심할 수 있게 되었대.

조천읍 신촌리에는 죽음 위기에 놓인 주민들을 구한 순경이 있었어. 조천지서 신촌파견소에 근무했던 김순철 순경이 바로 그 주인공인데, 사람들은 그를 '지미둥이 순경'이라고 불렀어. '지미둥이'는 얼굴에 기미가 많은 사람이라는 뜻의 제주말이야. 하루는 9연대 군인들이 신촌리 주민들을 신촌초등학교 마당에 모아 놓고 기관총으로 한꺼번에 죽이려고 했어. 무장대에게 식량 등을 제공하며 협조했다는 게 그 이유였지. 이때 김순

철 순경이 군인들의 기관총 앞을 가로막았어. 김 순경은 "총을 든 우리 경찰도 무장대에게 제대로 대항을 하지 못했는데 주민들이 어찌 무장대의 요구를 거부할 수 있었겠느냐? 나도 이북에서 온 사람이다. 나부터 죽여 놓고 이 사람들을 다 죽이라"며 군인들에게 맞섰어. 김 순경의 용기가 없었다면 이틀간 400여 명이 한꺼번에 희생된 이웃 마을 북촌리처럼 신촌리에서도 대규모 학살이 자행되었을 거야.

의사 장시영은 4·3무장봉기의 도화선이 되었던 고문치사 사건을 밝힌 인물이야. '고문에 의한 사망'이라고 밝히기까지 그는 온갖 회유와 압력을 받았어. 그냥 '원래 병이 있는 사람이라 죽은 것'이라고 사망진단서에 쓰라는 강요를 받은 거지. 그러나 장시영은 위험을 무릅쓰고 의사의 본분을 지키기 위해 "타박으로 인한 뇌출혈이 치명적인 사인으로 인정된다"라는 감정서를 작성했어. 이 한 장의 감정서로 인해 은폐될 뻔한 고문치사 사건이 밝혀졌어.

한백흥 선생은 제주에서 일제강점기 때 3·1운동을 주도했던 독립운동가인데, 4·3 때 희생되었다는 이유로 오랫동안 독립유공자 지정이 미뤄졌어. 한백흥 선생은 토벌대가 마을 청년 6명을 총살하려고 하자 마을 유지인 송정옥 씨와 함께 앞에 나서서 "청년들의 신원을 우리가 보증할 테니 죽이지 말아 달라"

고 했어. 결국 학살을 말리려던 두 사람을 포함해 8명이 희생되었지만 그의 용기는 후대에 전해지고 있어. 한백홍 선생은 3·1 운동 이후 100년 만에 독립유공자로 선정되었어.

'악의 평범성'을 넘어선 '선의 시민성'

'악의 평범성'이 성찰하지 못하는 평범한 사람들이 무심코 저지를 수 있는 악행의 모습이라면, '선의 시민성'은 높은 도덕의식에 따라 타인의 관점에서 사유하고 행동하는 용기 있는 시민의 모습이라 생각해. 이 두 가지 상황에 누구나 놓일 수 있을 거야.

사람들은 '악의 평범성'과 '선의 시민성' 중 하나를 선택하겠지. 어떤 것을 선택했을 때 우리 사회가 살 만한 세상이 될까? 위에서 소개한 사람들의 선택을 보면 알 수 있을 거야. 그들의 용기에 조용히 고개를 숙이게 돼.

4·3이 우리에게
남긴 것

사진 고현주〈정방폭포 - 희생터〉

2019년 4월 3일. 제주4·3 제71주년 추념식이 열렸어. 한 여
대생이 단상에 올라 자기 할머니의 사연을 소개하는 시간이 있
었어. 그 학생은 "할머니 머리에 아기 주먹만큼 움푹 파인 상처
가 있는데요. 그게 4·3 후유장애였다는 것을, 심지어 10살 때
까지 신발 한번 못 신어 본 고아였다는 것을 작년 4월에야 알았
어요"라며 자기 외할머니에 대해 말하기 시작했어.

　이야기를 듣는 사람들의 표정이 처음엔 대체로 무덤덤했어.
왜냐하면 슬픈 이야기이긴 하지만 이런 사연들이 너무 많기 때
문이야. 4·3 때 군·경 토벌대에게 매를 맞아 생긴 상처나, 또는
10살 때까지 신발조차 신어 보지 못한 고아들은 제주도 어느

지역에서나 흔히 볼 수 있는 모습이었거든.

그런데 "차마 믿을 수 없는 일이었어요. 할머니의 할아버지와 할머니와 아버지와 어머니와 오빠와 동생이 하루아침에, 땅도 아닌 바다에 던져져 없어져 버렸다는 사실이…. 당시 할머니는 고작 8살이었는데…"라고 말을 이어 가자 눈물을 흘리는 사람들이 생기기 시작했어. 8살 소녀의 가족이 모두 바다에 던져져 목숨을 잃었다는 게 슬펐어. 또한 소녀의 동생은 8살도 안 된 아이였다는 말인데, 도대체 몇 살이었던 거야? 그 어린 영혼이 너무나 불쌍해 가슴이 먹먹해졌어.

소녀의 가족들이 왜 희생된 것이며 소녀는 어떻게 살 수 있었던 것일까?

1) 4·3: 우리 모두의 현대사

70년을 가슴속에 묻은 잊힌 역사

그 여대생은 이렇게 말했어.

1948년 7살이었던 아이는 부모님 손을 잡고 불타는 마을을 떠나 매일 밤마다 이 굴 저 굴 도망을 다녀야 했습니다. 눈이 많이 내린 터라 맨발이 참 시렸습니다. 끝내 잡혀 간 곳은 서귀포 정방폭포 인근 수용소였습니다. 주먹밥을 하나 먹었을까? 잠을 자고 일어났더니, 할아버지, 할머니, 아버지, 어머니, 오빠랑 아기였던 남동생까지 군인들이 다 끌고 나갔는데, 마지막 끌려가는 아버지가 눈앞에서 발로 밟히고 몽둥이에 맞는 걸 본 아이는 울고불고 난리를 쳤지요. 순간 누군가가 확 잡아챘고, 아이는 그만 돌담에 머리를 부딪혀 기절을 했습니다. 시간이 얼마나 지났을까. 혼자 깨어나 살아남은 그 아이의 이름은 김연옥입니다.

1948년 겨울 군·경 토벌대가 '초토화작전'을 벌이며 마구 사람을 죽이자 김연옥 할머니의 가족들도 추운 한라산 자락으로 가서 숨어 지냈어. 그땐 요즘처럼 몸을 따뜻하게 감싸 주는 패딩이 없었어. 짚신이 닳아 없어지면 맨발로 눈길을 걸어야 했어. 그러다가 이듬해인 1949년에 붙잡혔어. 가족 모두가 희생될 때 김연옥 할머니는 기절하는 바람에 혼자만 살 수 있었지. 우리 어머니도 8살 나이에 아버지를 잃고 힘든 삶을 살아야 했기 때문에 김연옥 할머니의 사연이 남의 일 같지 않아 더 슬펐던 것 같아.

그 여대생이 다음과 같이 말을 이어 가자 사람들이 참았던 울음보를 터뜨리며 여기저기에서 큰 소리로 울기 시작했어.

할머니는 물고기를 안 드세요. 부모·형제가 모두 바다
에 떠내려가 물고기에 다 뜯겨 먹혔다는 생각 때문이었어
요. 어릴 때부터 멸치 하나조차 먹지 않았다는 사실도 저는
최근에야 알게 되었죠. 할머니의 바다를 이제야 알게 됐습
니다. 너무 미안해요, 할머니. 할머니 삶에 그런 끔찍한 시
간이 있었고 멋쟁이 할머니가 그런 아픔 속에서 살고 계셨
는지 몰랐어요.

결국 추념식장이 눈물바다로 변했어. 놀라운 것은 학생이 자
기 할머니의 사연을 알게 된 때가 2018년, 그러니까 할머니가
그 일을 겪은 지 70년이나 지났을 때라는 점이야. 학생은 그런
사실이 있었는지조차 몰랐지만, 할머니는 평생 한시도 잊지 못
하고 가슴에 묻고 있었던 거야.

정권의 죄를 숨기려고 입을 틀어막았던 40년 세월

손녀는 왜 할머니의 사연을 대학생이 될 때까지 알지 못했던
것일까? 내가 고등학교 1학년 때 처음으로 4·3 이야기를 들을
수 있었던 것과 마찬가지 이유 때문일 거야. 나도 16살이 될 때
까지는 '제주4·3'이라는 이름조차 몰랐거든. 내 어머니와 삼촌,
할아버지와 할머니의 일인데도 말이야. 그분들이 어떤 일을 겪

었는지 듣거나 배운 적이 전혀 없었어. 어른들이 말해 주지 않았고 학교에서도 가르쳐 주지 않았어. 왜 그랬을까?

피해자가 말하지 못한 가장 큰 이유는 가해자인 이승만 정권과 뒤이은 군사정권이 말하지 못하게 했기 때문이야. 자신들의 죄가 드러날까 봐 피해자들의 입을 틀어막았던 거야. 제주도에서 무자비한 초토화작전을 벌였던 책임자들은 승승장구해 국방부장관 등을 역임하며 오랫동안 권력의 핵심에 있었어. 내가 고등학교에 다닐 때 교과서에는 수많은 민간인 학살은 쏙 뺀 채 "4·3은 대한민국 정부 수립을 방해하기 위한 공산폭동"이라고만 간단히 쓰여 있었어. 다른 의견은 허용되지 않았어. 그러니 가해자를 처벌하거나 4·3이라는 비극사에서 교훈을 얻기는커녕 국민 대부분 4·3이 뭔지조차 알지 못했지.

피해자들이 4·3에 대해 말하기 시작한 때는 민주주의를 이루기 위해 1987년 전 국민이 들고일어섰던 '6월 항쟁' 이후야. 내가 참여했던 '4·3 유적지 기행'도 1988년부터 시작됐어. 이때는 4·3무장봉기가 벌어진 지 무려 40년이 지났을 때야. 피해자들이 40년 동안 아픈 가족사에 대해 하소연 한번 하지 못했으니 얼마나 기가 찰 일이니? 1988년부터 언론과 연구소에서 시작된 진상규명 작업이 10여 년 동안 벌어지고, 그 결과 2000년에 4·3특별법이 제정되었어. 진실을 밝히는 일이 너무 늦게

■ 제주4·3평화공원 위령탑 주위를 둥글게 감싸고 있는 '각명비'. 희생자의 성명과 나이, 사망한 장소와 날짜가 새겨져 있다. ©김기삼

■ 성산일출봉 앞 속칭 터진목에 있는 '제주4·3성산읍지역 양민집단 학살터 표지석' ©김기삼

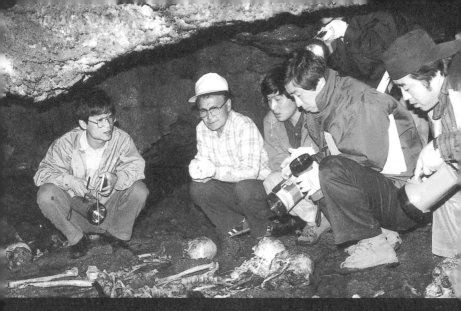

제주 구좌읍 세화리에 위치한 다랑쉬굴. 이곳에 피신해 살던 주민 11명이 굴이 발각되어 집단 학살되었다. 1992년 발굴 모습. ⓒ김기삼

노무현 대통령은 2003년에 제주를 찾아 과거 국가권력의 잘못에 사과를 하였고 이는 유족들에게 위로가 되었다. 사진은 2006년 4·3추모제에 참석한 노 대통령. ⓒ김기삼

시작됐고 너무 오래 걸렸지?

4·3특별법의 목적은 1조에 나와 있는데, "이 법은 제주4·3사건의 진상을 규명하고 이 사건과 관련된 희생자와 그 유족들의 명예를 회복시켜 줌으로써 인권신장과 민주발전 및 국민화합에 이바지함을 목적으로 한다"라고 규정하고 있어.

4·3특별법의 의미는 상당해. 법 규정에 따라 구성된 4·3위원회는 2003년 10월 15일 〈제주4·3사건 진상조사보고서〉를 확정했어. 보고서가 확정되자 노무현 대통령은 16일 만인 10월 31일 제주도에 와서 보고서 내용을 근거로 과거 국가권력의 잘못에 대해 사과했어.

'지연된 정의는 정의가 아니다'라는 말이 있어. 그런데 이 명제는 너무 늦지 않게 정의를 구현하라는 것을 강조하는 말이라고 생각해. 비록 오래 지연됐을지라도 끝끝내 정의의 길을 향해 가는 게 맞지, 이미 늦어 버렸으니 더 이상 정의가 필요 없다고 하는 건 옳지 않잖아?

많은 유족들은 노무현 대통령의 사과에 큰 위로를 받았고 맺힌 한이 조금씩 풀리기 시작했다고 말하고 있어. 대통령이 사과한 때는 1947년 3·1절 발포사건 이후 무려 56년이 지난 후야. 유족들의 상처는 세월이 오래 흘렀다고 해서 저절로 아무는 게 아니라 진상이 규명되고 진심 어린 사과가 있을 때 비로소 치유되는 것 같아.

2) 적극적 평화: 다른 사람의 입장에 서 보기

'불관용'에 대한 관용은 '관용'이 아니다

4·3 때 벌어졌던 잔혹한 일들은 대개 나와 너를 구분 짓는 이분법 때문인 듯해. 사람마다 생각이 다른 건 당연해. 하지만 나와 다른 생각을 하는 사람들을 배제하고 심지어 제거해 버리 겠다는 생각은 정말 위험한 것 같아.

'탈러런스(tolerance)'라는 영어 단어를 알고 있지? '관용' 또는 '아량'이라는 뜻이잖아? 좀 더 풀어쓴다면 '남의 잘못 등을 너 그렇게 받아들이거나 용서한다'는 뜻이지. 그런데 탈러런스에 해당하는 프랑스어 단어가 '톨레랑스'래. 특별히 프랑스어를 배우지 않은 사람에게는 낯선 말일 텐데, 이 단어가 한때 우리 사회에서 유행한 적이 있었어.

어떤 사건에 연루돼 프랑스에서 망명 생활을 하던 홍세화 작가가 1995년에 《나는 빠리의 택시운전사》라는 책을 펴냈는데, 이 책에서 소개한 프랑스 사회의 '관용'(톨레랑스)에 대해 공감 하는 사람이 많았기 때문에 이 단어가 널리 퍼졌던 거야. 톨레랑스라는 단어가 여러 사람의 입에 오르내렸다는 것은 당시 우리 사회가 너그럽지 못했다는 방증이겠지. 한편으로는 너그러운 사회를 간절히 원했다는 뜻이기도 하고.

그런데 얼마 지나지 않아 반론이 나오기 시작했어. '자기와 생각이 다르거나 자기편이 아니라고 해서 무조건 배척하고 탄압하는 사람에게까지 관용을 베푸는 것이 맞는가?'라는 의문이 생긴 거야. '잘못을 인정하고 사과하는 사람에겐 너그러운 마음으로 용서할 수 있지만, 사과는커녕 여전히 남을 배제하고 제거해 버리겠다는 사람에게 관용을 베푸는 것은 옳지 않다'는 주장이 나왔지. 불관용에 대한 관용은 결과적으로 불관용을 부추기는 것과 마찬가지라는 뜻이야.

홍세화 작가는 자신이 책에서 강조했던 '톨레랑스'에 대해 논란이 지속되자 "앵톨레랑스에 대한 톨레랑스는 톨레랑스가 아니다"라고 말했어. 즉 불관용(앵톨레랑스)에 대한 관용은 관용이 아니라는 거지.

나는 여기에 한마디 덧붙이고 싶어. 불관용한 사람에게 관용을 베풀지 말아야 하는 건 당연한 일이고, 더 나아가 불관용을 방관하면 안 된다는 말을 하고 싶어. 만일 힘이 센 어떤 사람이 자신을 기분 나쁘게 했다는 이유로 약한 사람을 향해 흉기를 휘두르며 난동을 부리고 있다면 어찌해야 할까? 내가 직접 피해를 당하는 게 아니니까 그냥 모른 척하며 지나갈까? 그렇게 되면 더 많은 사람이 다칠 텐데…. 혼자서 폭력을 막을 수 없다면 여러 사람이 힘을 합쳐 막아야 하겠지. 앞에 나서기 무섭다면 빨리 경찰에 신고라도 해야겠지.

적극적 평화: 입장 바꿔 생각하기

4·3을 통해 우리는 무엇을 배워야 할까? '제주4·3평화기념관'의 제일 끝부분엔 "제주4·3은 평화·통일·인권의 소중함을 일깨워 주는 상징으로 기억될 것이다."라는 문장이 쓰여 있어. 평화와 인권은 언제 어디에서나 지켜야 할 인류 보편의 가치라고 할 수 있겠지? 한반도가 남북으로 분단된 상황이 아니었다면 4·3 때 그토록 참혹한 일이 벌어지지 않았을 거야. 그래서 언젠가는 이뤄야 할 평화통일도 4·3이 주는 중요한 교훈이라고 생각해.

요한 갈퉁이라는 학자를 흔히 '평화학'의 창시자라고 해. 평화를 학문의 세계로 이끈 분이라고 할 수 있지. 그는 평화는 평화적 방법으로 이뤄야 한다고 했어. 평화라는 '목적'이 아무리 좋아도 그 목적을 달성하기 위해 '수단과 방법'을 가리지 않는다면 그건 이미 평화가 아니겠지.

그는 또한 평화를 '소극적 평화'와 '적극적 평화'로 나누었어.

단지 전쟁 또는 직접적이고 물리적인 폭력이 없는 상태는 '소극적 평화'라고 했어. 이에 반해 '적극적 평화'는 사회·경제적인 폭력이나 구조적인 폭력이 없는 상태라고 했어. 극심한 가난에 시달리는 사람이 없도록 하고 또한 노인, 여성, 어린이 등 약한 사람들이 안심하고 살 수 있어야 '적극적 평화'라고 할 수 있겠지.

제주4·3을 공부하면서 우리 사회도 적극적 평화의 길로 나아가야 한다는 생각을 하게 됐어. 어쩌면 적극적 평화의 길이 4·3이 우리에게 준 중요한 교훈 중 하나일 거야.

그리고 이런 생각이 문득 들었어. 외국 학자들이 어려운 말로 설명해 놓은 '평화를 이루는 방법'을 우리 조상들은 이미 오래전부터 터득하고 실천했던 것 같아. '역지사지(易地思之)'라는 말이 그것이야. 우리말로 하면 '입장을 바꿔 생각하기'라고 할 수 있어. 어떤 갈등과 분쟁이 발생했을 때 서로 '나는 옳고 너는 그르다'라고 주장한다면 문제가 해결되지 않겠지? 그런데 상대방의 입장에 서서 생각한다면 많은 갈등이 해소될 거야. '누구와 싸워도 상대를 때려눕힐 만한 힘'이 있다고 자신하는 사람이 만일 '힘이 약해 맞기만 할 수밖에 없는 사람'의 처지에 서서 한 번쯤 생각한다면 폭력 행위를 하지 않을 거야.

겉으로 대놓고 차별하거나 모욕하진 않더라도 다른 사람을 은근히 멸시하고 따돌리고 무시하는 것도 상대에게 큰 상처를

5장

줄 거야. 이런 행위를 미세공격이라고 한대. 조금만 관심을 가지면 주변에서 이런 일들이 벌어지고 있는 것을 알 수 있을 거야. 이러한 미세공격을 받아 소외된 친구를 발견했을 때 어떻게 해야 할까? 이 글을 읽고 있는 친구들은 이런 상황을 묵인하지 않을 거라고 믿어. 공격받지 않도록 도와주고, 나아가 피해를 입은 친구들이 상처를 치유할 수 있도록 힘을 모으고 있을 거야. 왜냐하면 우리 친구들은 정의로운 사람이니까.

3) 세계시민: 평화·인권의 길로 나아가기

일제강점기 때 민족주의자들이 독립운동에 앞장을 섰어. 그래서 우리는 역사를 배우며 민족주의자들을 존경하는 마음을 갖게 되었지. 그런데 외국에선 '민족주의'라는 말을 좋지 않게 생각하기도 해. 자기 민족만이 우월한 민족이라는 사상에 빠져 다른 민족을 차별하거나 침략하기도 했기 때문이야. 나치 독일이 제2차 세계대전 때 유대인을 학살한 것을 생각하면 쉽게 이해될 거야.

물론 우리 민족은 일본의 침략으로 나라를 빼앗긴 채 모진 탄압을 받았기 때문에 일제강점기 때 우리 조상들이 내세웠던 민족주의는 침략국인 독일이나 일본의 민족주의와 결이 다르다고 할 수 있어. 일제강점기 '민족주의자'는 '친일파 민족반역자'와 대척점에 선 분들이었으니까. 아무튼 민족 또는 인종이 다르다는 이유로 큰 잘못을 저질렀던 두 나라의 사례를 소개해 줄게.

오스트레일리아의 '도둑맞은 세대'

2000년 하계 올림픽은 오스트레일리아 시드니에서 열렸어. 그 올림픽 때 여자 400m 달리기에서 '캐시 프리먼(Cathy Freeman)'이라는 오스트레일리아 선수가 금메달을 땄는데, 그게 큰 화제가 됐어. 전 세계가 지켜보는 가운데 자기 나라 선수가 금메달을 땄으니 오스트레일리아 사람들이 환호하는 건 당연한 일이지. 그런데 그녀가 세계적으로 주목을 받은 건 단지 금메달리스트이기 때문이 아니야.

캐시 프리먼은 백인이 아니라 '에보리진(aborigine)'이라고 불리는 오스트레일리아 원주민이야. 그녀의 우승을 계기로 오스트레일리아 원주민들의 한 맺힌 삶이 우리나라에도 알려지게 되었어.

오스트레일리아는 18세기 말엽에 영국 사람들이 들어가 세운 나라라는 것은 알고 있지? 그런데 그곳에는 당연히 사람들이 살고 있었지. 그런데 백인들은 원주민을 탄압하는 것에 그치지 않았어. 백인들은 원주민을 미개인 취급을 하면서 이들을 개화시킨다는 명분을 내세워 원주민 아기들을 부모로부터 강제로 빼앗아 수용시설로 보내거나 백인 가정에서 키우도록 했어. 1900년부터 1972년까지 이런 만행이 이뤄졌어.

아기를 빼앗긴 부모와 부모를 잃은 아기들이 너무 불쌍해. 이들을 Stolen Generation이라고 한대. 번역하면 '도둑맞은 세대' 또는 '빼앗긴 세대'라고 할 수 있겠지. 오스트레일리아 총리는 2008년에 이 강제 분리 정책에 대해 사과했어.

프란치스코 교황이 사과한 캐나다의 '기숙학교'

2022년에는 프란치스코 교황이 캐나다를 방문해 '원주민 기숙학교'에 대해 사과한 것이 화제가 됐어. 과거 캐나다 정부가 원주민 아이들을 부모로부터 강제로 떼어내 가톨릭 기숙학교로 보냈던 사실에 대해 사과한 거야.

유럽의 백인들이 캐나다에 들어가기 전부터 그곳엔 원주민이 살고 있었어. 독자적인 문화와 언어도 있었지. 그러나 캐나다 정부는 원주민을 백인 사회에 동화시킨다는 명분을 내세워 원주민 아이들을 기숙학교에 강제 수용했어. 아이들이 부모를 잃은 채 살았던 거야. 이런 인권 유린 행위가 20세기 말까지 무려 100여 년간 지속됐대.

이런 일을 저지른 배경은 오스트레일리아에서 '빼앗긴 세대'가 생긴 것과 비슷해. 백인은 우월한 문명인이고 원주민은 미개인이라는 생각에서 비롯된 만행이야. 너무 어이없는 일 아니니? 누가, 무엇을 기준으로 '문명'과 '미개'를 나누었지? 과학기술을 발달시켜 총과 대포를 만든 백인들은 문명인이고, 수렵과 채집으로 살아가던 원주민은 미개인인가? 총과 대포로 원주민의 땅을 빼앗고 학살한 자들이 오히려 미개인이자 야만인이 아닐까?

그런데 기숙학교 교사들은 정치적 중립을 내세우며 국가권력이 시키는 대로 원주민들의 문화를 부정했대. 선과 악을 분명히 구분할 수 있을 때 중립을 지키는 것은 결과적으로 악의 편에 서는 것이고, 그럴 때 우리가 지켜야 할 것은 '중립'이 아니라 '시민성'이 아닐까?

다름을 인정하고 다양성을 존중하자

4·3 때 야만적인 학살극을 저지른 사람들은 제주도 사람들을 같은 민족, 같은 국민이라고 생각하지 않은 것 같아. 요즘엔 제주도가 쉽게 놀러 올 수 있는 곳이고, 제주도를 배경으로 한 드라마나 영화로 인해 많이 알려졌지만, 4·3 당시엔 말도 잘 통하지 않고 문화도 많이 다른 제주 사람에 대해 편견을 갖고 마치 다른 민족 취급을 했던 것 같아.

유대인을 집단 학살한 나치 독일, 그리고 원주민 아기들을 부모에게서 빼앗은 오스트레일리아와 캐나다 정부의 태도도 자기 민족이나 인종이 우월하다는 그릇된 생각에서 비롯된 거야. 이젠 민족과 인종 또는 문화와 생각이 다르다는 이유로 상대방을 배제하고 절멸시키려는 편견에서 벗어나 세계시민이 되어야 하지 않을까?

'세계시민'이란 한 지역의 주민, 한 나라의 국민이라는 좁은 틀에서 벗어나 자신을 세계의 시민으로 인식하는 사람이야. 또한 나와 다른 문화와 배경을 가진 사람들을 존중하면서 함께 살아가려는 사람이야. 우리는 모두 인류의 일원이라고 생각하는 사람이야. 그리고 인종과 국경을 뛰어넘어 세계적으로 통용되는 인류 보편의 가치를 전달하는 교육이 '세계시민교육'이야.

'세계시민'이라는 단어를 낯설게 보거나 거창한 개념으로 볼 필요가 없어. 나는 우리 어머니와 아버지가 말씀하셨던 '형제 책임주의'도 세계시민이 되는 길이라고 생각해. 이제부터 말하는 '형제'란 같은 부모에게서 태어난 사람만을 뜻하는 것이 아니라 타인을 진짜 형제처럼 여기는 사람이야. 서로가 서로에게 기대어 살아가는 사람이야.

나는 네가 없으면 살 수 없고 너도 내가 없으면 살 수 없으니 우리 모두 상대방을 나라고 생각하며 살자! 내가 소중하듯 남도 똑같이 소중하고, 내가 아픈 만큼 타인도 아프다! 그러니 우리는 형제처럼 화합하고 우애롭게 살자! 그것이 나의 책임이고 너의 책임이며 우리 모두의 책임이다! 책임은 관계이고 사랑이다!

2013년 유엔(UN)의 역사 교육 권고안을 소개해 줄게. 유엔은 모든 종류의 다양성에 대한 존중을 발전시키는 필수적인 장으로서 역사 교육이 존재해야 한다고 했어. 역사 교육이 관용, 상호 이해, 인권, 민주주의 같은 근본적인 가치들을 장려하는 데 필수적인 역할을 해야 한다고 강조했어. 이러한 유엔의 권고처럼 현재 역사 교육의 세계적인 흐름은 나와 다른 사람을 구분 짓는 민족주의에 매몰되는 것을 경계하고, 평화와 인권 등 인류의 보편 가치를 지향하고 있어. 이는 극단적인 이분법적 사고가 초래한 비극을 화해와 용서로써 치유하고 있는 4·3이 왜 세계시민교육과 연결되는지 알려 주는 것이기도 해.

제주 사람들은 한마음으로 4·3 진상규명을 위해 노력했어. 그 결과 4·3특별법이 제정되어 정부의 공식 보고서인 〈제주 4·3사건 진상조사보고서〉가 나왔고, 보고서 내용을 근거로 대통령이 사과했어. 서로 손가락질하며 남 탓을 했다면 이루지 못했을 소중한 열매야.

4·3 때의 반목을 극복해 낸 용기는 어디서 나왔을까? 그건 아픔을 함께한 형제애에서 비롯된 게 아닐까? 복수는 복수를

낳을 뿐이라는 걸 깨달았기 때문이 아닐까? 후손들에게 평화로운 세상을 물려주고 싶은 간절한 마음 때문이 아닐까? 그 마음은 바로 나의 행동이 타인에게 어떤 영향을 미칠지 성찰하고 타인과 공동체를 염려하는 형제 책임주의와 같을 거야. 그러므로 4·3은 그 자체로 세계시민교육의 살아 있는 교재라고 나는 생각해.

세계시민교육은 민족주의와 국가주의 시각이 반영된 역사 교육을 해체하고, 대신 인권과 민주주의의 시각에서 재해석하는 일이야. 즉 역사를 인류의 자유와 평등과 연대를 만들어 가는 과정으로 해석하여 가르치는 거야. 이제는 인간의 자유를 억압하고 평등을 저해하며 공동체 해체를 가져왔던 사건들을 성찰할 수 있도록 역사 교육이 이루어져야 하겠지.

4) 회복적 정의: 무너진 공동체를 살리는 길

사과와 용서, 그리고 화해

법정에서 흔히 볼 수 있는 풍경을 말해 볼게. 판사가 가해자에게 징역형을 선고하면서 피해자에게 경제적 배상도 하라고 판결했어. 이로써 정의가 구현됐어. 어때, 모든 게 완벽해 보이지? 가해자는 교도소에서 반성할 것이고, 피해자는 가해자 처벌과 배상을 통해 원래의 자리로 평온하게 돌아갈 테니까. 이것을 '응보적 정의'라고 해. '응보'란 행동의 선악에 대한 갚음이야.

그런데 응보적 정의만으로 과연 문제가 해결될까? 가해자는 처벌로 인해 공동체에 복귀하기 어렵고 피해자에 대한 보복 감정을 갖기 쉬워. 피해자는 가해자 처벌과 관계없이 정신적·육체적 상처에서 쉽게 회복되지 못해. 가해자가 교도소에서 나온 후 또다시 자신을 해칠까 두려워서 불안감에 시달리기도 할 거야. 응보적 정의는 법의 심판으로 얻어 낸 최소한의 정의일 뿐이야.

왜 법의 심판이 가해자는 물론이고 피해자의 삶에 바람직한 영향을 끼치지 못하는 걸까? 중요한 것이 빠졌기 때문이야. 그건 바로 피해자와 가해자 사이를 오가는 마음의 교류야. 피해자에게 가장 중요한 것은 가해자가 솔직하게 잘못을 인정하고 진정 어린 사과를 하는 것이야. 그래야 피해자가 상처를 치유할 수 있어. 가해자도 법적인 처벌 외에 피해자로부터 용서를 받아야 비로소 자신의 죄에서 벗어날 수 있을 거야. 사과와 용서, 이를 통한 화해. 이것이 바로 '응보적 정의'를 뛰어넘는 정의, 즉 '회복적 정의'야.

4·3유족회와 경찰 출신 모임인 경우회 간부들이 2013년에 서로 손을 잡고 화해했어. 매년 4·3평화공원과 경찰 사망자들

이 묻혀 있는 충혼묘지를 함께 방문해 희생자들을 위령하는 행사를 하고 있어. 2014년 제주에서 열린 전국체전에서는 유족회장과 경우회장이 손을 맞잡고 함께 성화 봉송을 함으로써 감동을 주었어.

4·3 피해자의 상당수가 경찰에게 희생됐기 때문에 유족들이 경찰을 바라보는 눈이 곱지 않았지. 당시 경찰은 희생자들을 '폭도'라고 했어. 그러니 두 집단은 오랫동안 갈등을 빚으며 서로 미워했어. 그런데 4·3특별법이 제정돼 진상규명이 이뤄지고 대통령이 공식 사과를 하자 화해와 용서의 분위기가 형성된 거야.

4·3수형인의 무죄가 선고된 4·3재심 법정

2022년 3월 29일 제주지방법원에서 '4·3수형인 재심'에 대한 판결이 있었어. '재심'이란 이미 확정 판결된 사건에 대해 다시 재판을 하는 거야. 재심은 흔히 열리는 게 아니야. 재심을 받아들인다는 것은 과거 선배 검사가 기소하고 구형했던 것을 부정하는 셈이고, 판사도 마찬가지이기 때문에 재심 청구는 좀처럼 받아들여지지 않아. 그런데 무려 70여 년 전 판결에 대한 재심 재판이 열린 거야. 역사적인 재판이지. 이 재심에 대한 판결이 있던 그날, 어떤 사람이 눈물을 글썽이며 아래와 같이 말했어.

> 4·3으로 당시 제주도민의 10분의 1이 목숨을 잃었고, 1
> 만여 가구가 소실된 엄청난 비극이 있었습니다. 공권력과
> 이념이라는 이름으로 자행됐으며, 수십 년간 희생자들은
> 통한의 세월을 살았습니다. 유족 등의 진술을 보면 아무런
> 죄가 없는데도 군경에 연행돼 처벌을 받았습니다. 증거도
> 전혀 없습니다. 피고인 모두에게 무죄를 선고해 주시기 바
> 랍니다.

이 말을 누가 했을 것 같니? 4·3수형인이나 또는 그들의 유족일까? 아니면 이들을 옹호하는 변호사의 말처럼 들리지 않니? 아니야. 검사의 말이야. 검사의 주요 업무는 피고인을 수사해 재판에 넘기고(기소), 재판이 열렸을 때에는 피고인에게 형벌을 내려 줄 것을 판사에게 요구(구형)하는 일이야. 그런데 검사가 목메어 울먹이면서 오히려 4·3수형인에게 무죄를 구형하는 놀라운 풍경이 벌어진 거야.

판사는 "공소사실 입증 책임은 검사에게 있다. 검찰은 공소사실을 입증할 만한 증거가 없다면서 무죄를 구형했다. 범죄의 증명이 없다. 피고인은 각 무죄!"라고 '무죄 선고'를 했어. 판사는 무죄 선고를 하는 데 그치지 않고, 재판정에 온 유족들에게 말할 기회를 주었어. 유족들은 가족 잃고 70여 년을 힘겹게 살아온

저마다의 사연을 이야기했는데, 감정이 북받쳐 말을 제대로 잇지 못한 채 서럽게 울면서 말하기 시작했어. 그러자 듣는 사람도 함께 울다 보니 재판정이 온통 눈물바다로 변했어. 검사의 무죄 구형과 판사의 무죄 선고는 바로 가해자인 국가가 희생자와 유족에게 사과하고 반성하는 것과 마찬가지라고 할 수 있어.

이 법정에서 유족들의 마음이 어땠을지 짐작할 수 있을 거야. 4·3수형인에 대한 재심 재판을 보면서 4·3이 '응보적 정의'를 넘어 '회복적 정의'로 나아가고 있다는 걸 느꼈어. 검사와 판사의 진심을 느낄 수 있었고, 그 내용이 유족들의 상처를 조금이나마 치유해 줄 거라는 생각이 들었어. 가해자를 규탄하고 응징하는 것만으로는 절대 치유될 수 없는 상처를 비로소 낫게 해 주는 약이라고 생각한 거야. 그래서 마음이 좋아졌어.

지금까지 나와 함께 4·3의 길을 걸으며 여러 가지 생각이 들었을 거야. 4·3이 내게 건넨 말이 있듯이 4·3이 친구들에게 건네준 말도 있을 거야. 앞으로 지내다 보면 어려움도 있고 크고 작은 갈등도 겪게 되겠지. 그럴 때마다 친구들은 선의 시민성을 발휘할 거라고 믿어. 왜냐하면 친구들은 정의롭고 용기 있는 사람이니까.

에필로그
내가 4·3을 몰랐더라면

내가 4·3을 몰랐더라면,

제75주년 추념식이 열린 2023년, 거리에서 만난 80살 할머니와 할아버지가 4·3 당시 5살 난 어린아이였다는 것을 알 수 있었을까? 부모를 잃고 홀로 남은 바로 그 어린아이들이 불에타 잿더미가 된 제주섬을 다시 일으켜 세웠다는 사실을 알 수 있었을까? 그 힘이 무엇인지 알 수 있었을까? 학교에서 만나는 꾸러기 친구들의 존재에 경외감을 품을 수 있었을까?

내가 4·3을 몰랐더라면,

지금 나를 둘러싸고 있는 당연하고 자연스러운 상황이 4·3

때엔 사람들이 간절히 원했던 일상의 평화라는 것을 짐작이나 할 수 있었을까? 가족과 이웃, 마을공동체의 따뜻한 온기를 소중히 여기고 이를 지키려는 노력을 할 수 있었을까?

내가 4·3을 몰랐더라면,

제주가 아닌 다른 지역이나 한번 가 본 적도 없는 나라의 아픔에 공감하고 연대하는 힘을 키울 수 있었을까? 인생을 사는 동안 권력의 줄이 아니라 역사의 줄에 기대어 살아야 한다고 생각할 수 있었을까? 세계시민으로 살아야겠다고 결심할 수 있었을까? 나의 말 한마디, 손짓 하나가 타인을 살릴 중요한 열쇠가 될 수도 있다는 걸 깨달을 수 있었을까?

내가 4·3을 몰랐더라면,

교육자가 되지 못했을 거야. 평화, 인권, 정의, 이런 딱딱한 말들은 사전에 나온 의미로만 여겼을 거야. 다른 사람의 아픔과 불의를 외면했을지 몰라. 우리 모두가 누군가에게 소중한 존재라는 생각을 일상에서 느끼지 못했을 거야.

참으로 다행이지?

4·3 그 역사는 참혹했지만 그때를 살아 낸 사람들의 이야기

는 따뜻했으니까. 4·3으로 쓰러진 사람들의 간절한 염원을 떠올리며 나의 어려움을 이겨 낼 수 있었어. 자신의 위험을 무릅쓰고 이웃을 구한 4·3의 영웅들을 떠올리며 내 용기를 충전할 수 있었어. 누군가를 만날 때 명성으로, 직책으로 만나지 않고 사람과 사람으로 만나게 되었어. 끊임없이 성찰하게 되었어.

4·3을 알게 되어 감사해.

친구들과 4·3을 도란도란 이야기할 수 있어서.

동백꽃이 다시 아름답게 피어나는 모습을 친구들과 손잡고 함께 볼 수 있어서.

친구들을 만나서 반갑고 기뻤어. 늘 건강하고 평화롭게 지내길 바랄게.

그럼, 이만 안녕!

┃ **강요배 〈꽃비〉**(2004) 캔버스에 아크릴_162.1x130.3cm

4·3이 나에게 건넨 말

초판 1쇄 발행 2023년 10월 20일
초판 4쇄 발행 2025년 1월 20일

지은이   한상희
펴낸이   김명희
편집부장   이은희
편집   김재실
디자인   육일구디자인

펴낸곳   다봄 등록 2011년 6월 15일 제2021-000136호
주소   서울시 마포구 토정로 222 한국출판콘텐츠센터 305호
전화   02-446-0120
팩스   0303-0948-0120
전자우편   dabombook@hanmail.net
인스타그램 instagram.com/dabom_books

ISBN 979-11-92148-77-9 43910

• 책값은 뒤표지에 있습니다.
• 잘못 만든 책은 구입하신 곳에서 교환해 드립니다.